OETINGER AUSLESE

Wolf Spillner

Taube Klara oder Zufälle gibt es nicht

Deutscher Jugendliteraturpreis

Kinderbuch

OETINGER AUSLESE

Herausgegeben von Sybil Gräfin Schönfeldt

Einbandgestaltung: Gesa Denecke
Titelbild: Rudolf Gerer
Gesamtherstellung: Clausen & Bosse, Leck
Printed in Germany 1998 *

ISBN 3-7891-0690-9

Wolf Spillner

Taube Klara

oder

Zufälle gibt es nicht

Verlag Friedrich Oetinger · Hamburg

Wolf Spillner, geboren 1936 in Herzberg (Harz), besuchte bis 1952 in Hamburg die Schule. Glasbläserlehre, Volontär. 1955 Übersiedlung in die DDR, Bildreporter, Baufacharbeiter, freischaffender Autor. Intensive Beschäftigung mit Ornithologie, Tierbeobachtung und -fotografie führten zunächst zu Sachbüchern für Erwachsene. Es folgten zahlreiche Kinder- und Jugendbücher u. a.: »Die Vogelinsel«, »Gänse überm Reiherberg« (in der Bundesrepublik unter dem Titel »Wildgänse überm Moor«), »Der Bachstelzenorden«, »Staaten bildende Insekten«, »Wasseramsel«, »Der Alte vom Hammer«, »Schätze der Heimat«, »Zwischen Alpen und Eismeer«, »Claas und die Wunderblume«. Für sein Buch »Taube Klara« erhielt er im Jahr 1991 den Deutschen Jugendliteraturpreis. Wolf Spillner lebt heute in Wendisch-Rambow bei Schwerin.

Aus der Begründung der Jury des Deutschen Jugendliteraturpreises: Während des Weihnachtsbesuches bei der Großmutter in einem kleinen Dorf in Mecklenburg beobachtet der etwa zehnjährige Hannes die Konflikte zwischen Mutter und Großmutter. Sie haben ihren Ausgangspunkt in einem Zerwürfnis der männlichen Familienvertreter, das bis zum Tod des Großvaters nicht beigelegt wurde. (...) Jetzt versuchen Mutter und Großmutter sich einander anzunähern. Und wenn sich beide auch einig sind, als es z. B. darum geht, den betrunkenen Nachbarn nach Hause zu bringen, damit er nicht im Schnee erfriert, so bemerkt Hannes doch ihre Vorbehalte und Spannungen, die unterschiedlichen Lebensauffassungen. (...) Hannes spürt: Was für die Mutter falsch und gefährlich ist, kann für die Großmutter durchaus richtig sein. Er erkennt, dass es Räume zwischen »Richtig« und »Falsch« gibt.

Die Landschaft ist grau und dreckig grün. Die Bäume stehen kahl wie Besen auf den platten Feldern. Wir sind schon über die Elbe gefahren, über die lange Brücke. Schnee gibt es hier nicht mehr. Vielleicht hat es zu Hause in Berlin nicht geschneit. Liegt ja mehr im Süden. Hier im Zug ist es ganz schön warm.

In Groß Proseken gab es noch etwas Schnee. Aber als wir in dem Bus-Wartehaus standen, pingelte schon Regen auf dem Blechdach. Omas Ziehwagen wurde total nass und ich dachte daran, wie Oma den Wagen allein durch den nassen Schnee zurück zum Jammerfeld ziehen musste. In diesem Dreckwetter. Ich habe gefroren.

Oma band sich ihr Tuch fester und schob sich den Hut unter dem Tuch weiter nach vorn. Ihr Gesicht war noch kleiner als vorher und ihre Augen sehr hell, wie Wasser. Da hat sie es noch mal gesagt.

»Du machst mir bisschen Angst, Karin«, sagte Oma.

Mutter schob die Schultern nach vorn zusammen.

Nicht nur wegen der kalten Nässe. Sie wollte es nicht hören und ich wünschte sehr, dass der Bus endlich um die Kurve kommen sollte, hinter der Kirche hervor, über die holprige Dorfstraße.

»Der Willi hat eine gute Frau in dir«, sagte Oma, »bist auch ein gutes Mädchen. Aber wirst ja gemerkt haben, es möcht besser sein, wenn ich nicht komme!«

Mutter schüttelte nur den Kopf. Ich weiß, sie hat Oma genau verstanden. Dann rollte der Bus heran und Mutter hat unseren Koffer aufgehoben. Antworten konnte sie nicht mehr.

Mir saß wieder so ein dicker Kloß im Hals. »Oma«, habe ich gesagt, »Oma!« Mehr konnte ich nicht.

»Ist ja schon gut, Jungche, ist ja gut!«

Oma nahm mich in ihre Arme. Richtig gedrückt hat sie mich und ich fühlte ihre spitze Nase an meiner Backe.

»Nun mach schon, Hannes«, rief Mutter und der Busfahrer drückte auf seine Hupe. Der Motor lief sehr laut. Ich konnte kaum verstehen, was Oma sagte. Ich nahm die Skier, die standen noch im Wartehaus.

»Komm auch wirklich wieder, Hannes«, sagte Oma. »Und deine Mutter auch!«

Dann fuhren wir los und ich konnte sie nur noch undeutlich sehen. Die Scheiben waren so bespritzt vom nassen Straßendreck. Oma blieb als dunkler Fleck vor der Wartebude, der sich winkend bewegte, bis der Bus in die Kurve ging. Genau da musste ich plötzlich denken, dass sie ganz und gar weg sein könnte. So wie Opa. Ich will aber nicht denken, dass sie weg ist.

Der Zug schaukelt. Er stuckert und die Räder tuckern auf den Schienenstößen. Mutter schläft. Sie hat sich in die Ecke gekuschelt, den Mantel halb über sich. Ihr Kopf schaukelt an der Lehne hin und her. Sie sieht richtig lieb aus, wenn sie schläft. Wie auf Befehl kann sie schlafen. Das hat sie sich beigebracht und das braucht sie auch, wenn sie Nachtdienst hat im Krankenhaus. Aber sie kann auch auf einen Schlag wieder wach sein und dann ist sie voll da, ohne lange zu blinzeln. Augen auf und es geht weiter. Mit der Arbeit oder was gerade so anliegt. Willenssache, sagt sie, reine Willenssache.

Über dem Koffer wackeln meine Skier hin und her. Wenn sie runterfallen, knallen sie uns und den anderen Leuten genau auf die Beine. Aber sie fallen nicht. Mutter hat ihre Tasche davorgeklemmt. Kann gar nichts passieren.

Mutter ist perfekt, sagt Vater. Ob er das immer gut findet, weiß ich nicht, denn wenn er von See kommt, ist sie der Käpten zu Hause. Sie ist immer der Käpten und sie weiß, was Sache ist, egal, was anliegt. Für Oma wollte sie's auch wissen. Und Oma sagt: Du machst mir bisschen Angst!

In meinem Campingbeutel steckt der Vogel aus Holz.

Eine Taube ist das nicht. Er hat keine roten Augen wie Klara und Klara ist tot und Oma weiß das. Wie es dazu kam, weiß ich noch immer nicht. Vielleicht wollte Mutter Klara gar nicht totmachen. Kann ja sein, dass es Zufall war.
Zufälle gibt es nicht, sagt Vater. Alles hat Ursachen! Kein Schiff läuft aus Zufall auf Grund. Wer seinen Kahn auf Grund setzt, der hat nicht aufgepasst. Oder der weiß zu wenig. Und dann, peng, passiert es. Wenn der Hund nicht, dann hätt er den Hasen gehabt, sagt Vater. Wenn der Hund nicht gekackt hätte! Aber solche Sprüche will Mutter nicht hören. Das gehört sich nicht! Also hält sich Vater zurück. Er grient nur ein bisschen und sagt: Wenn der Hund nicht …
Ich weiß genau, was Vater denkt, und Mutter natürlich auch. Es kann schon ausreichen, dass sie sauer ist. Kommt ganz drauf an, wie ihr Dienst war. Was alles passiert ist im Krankenhaus.
Zufall oder nicht – Klara ist tot. Liegt im Müllcontainer am Jammerfeld. Nichts mit weggeflogen oder Habicht! Das kann man Oma nicht erzählen.
Mutter, Mutter! Ich versuche schon wieder mir vorzustellen, was sie sich so gedacht hat. Wie sie mit der Taube über den Hof kam. Das vergesse ich nicht und sie soll es auch nicht vergessen. Deshalb habe ich meinen Holzvogel mitgenommen. Ohne rote Augen.
Mutter schläft und ihr Kopf schaukelt an der Lehne hin und her.

Der Zug ist voll. Auf dem Gang stehen eine Menge Leute mit ihren Koffern. Mutter kann das nicht passieren. Sie hat schon lange vorher Platzkarten bestellt. Da habe ich noch nicht an Weihnachten gedacht. Aber wir haben jetzt Fensterplätze!
Wenn es so voll ist, fahre ich nicht gerne. Dann haben alle nur schlechte Laune, wenn man mal den Gang lang zur Toilette muss. Dabei könnte es gut sein, so mit anderen Leuten im Abteil. Da kann man was lernen. Manchmal ist viel dummes Gequatsche dabei, aber oft ist es auch interessant oder sogar spannend. Ich höre gerne zu. Doch jetzt erzählt keiner was.
Das Mädchen in der Ecke an der Tür strickt. Das wird ein Pullover, hellblau. Ihre Hände sind ganz fix. In der anderen Ecke sitzt ein Mann mit einem Rätselheft. Manchmal pult er mit seinem Kugelschreiber im Ohr. Dann weiß er wohl nicht weiter. Wenn er den Kuli verkehrt rum ins Ohr stecken würde, hätte er schon blaue Flecken. Das passiert aber nicht. Er peilt nur über seine Brille im Abteil umher. Dann wackelt er ein bisschen mit dem Kopf und macht weiter. Kreuzworträtsel sind doof. Zwischen Mutter und dem Strickmädchen sitzen eine alte Frau und ein alter Mann. Ganz so alt wie Oma sind sie nicht, aber nicht weit davon ab. Der Mann hat weiße Haare. Opa hatte keine weißen Haare. Mehr so wie diese schweren Pferde, schwarz und weiß gestichelt. Schwarzschimmel heißen die, hat Opa gesagt.

Schwarze Schimmel! In der Schule darf man nicht mal weißer Schimmel sagen. Das ist doppelt gemoppelt, meint Fräulein Kruse. Sie hat auch ein Fremdwort dafür. Tautologie! Die Kruse hat keinen Durchblick bei Pferden. Ich auch nicht. Das weiß ich nur von Opa, dass es verschiedene Schimmel gibt, Rotschimmel und Grauschimmel und Apfelschimmel und auch Schwarzschimmel. Weißer Schimmel, das ist kein bisschen doppelt gemoppelt! Und Opa, der hatte echt Schwarzschimmelhaare. Oma hat weiße Haare, dünne weiße Haare mit ein bisschen Gelb drin. Oma ist überhaupt ganz dünn.
Die alte Frau auf der Bank gegenüber ist gar nicht dünn. Ihr Mann auch nicht. Das ist bestimmt ihr Mann. Er hat ein breites Gesicht und kurze rote Finger. Ihre Hand liegt auf seinem Arm. Sie sehen zum Fenster raus. Die Frau tickt auf seine Finger. Dann hebt sie den Arm und zeigt nach draußen.
»Nu gugge mal, Albert«, sagt sie, »da sinn Rähe uff'm Fälde!«
Ich sehe die Rehe auch. Sie grasen wie eine Herde Ziegen auf dem Acker. Acht, nein, neun sind es und da sind sie auch verschwunden hinter dem grauen Fenster. Der Zug ist ganz schön schnell.
»Das ist aber was«, sagt der Mann neben mir. Er ist noch jung und hat lange Haare. Sie hängen ihm auf die Schultern. Er dreht sich zu seinem Kumpel. Der ist kleiner als er und grinst. Die beiden haben eine Fla-

sche zwischen sich stehen. Der Große mit den langen Haaren greift danach und nimmt einen Schluck. Die beiden trinken aus der Flasche mit dem blauen Etikett, seit wir in Schwerin abgefahren sind. Sie machen sich ziemlich breit, die beiden, und der mit den langen Haaren drückt mich in die Ecke. Die Haare sollte er sich mal waschen. Er riecht nicht gut. Wie Pinkau. Der stank auch nach Schnaps. Aber Pinkau ist anders.

Wenn ich die beiden Alten ansehe, muss ich an Oma denken. An Opa auch. Und an Pinkau! An Pinkau, weil es nach Schnaps stinkt. Dabei haben die doch gar nichts miteinander zu tun, dieser Langhaarige und die beiden Alten und Oma und Pinkau. Aber es ist so und ich sehe zu Mutter hin. Ihr Mantel ist zur Seite gerutscht. Sie hat den Mund ein bisschen offen. Sie sieht ganz jung aus, wie sie so schläft.

»Ohne Bier ist das Scheiße«, sagt der Langhaarige.

Sein Kumpel ruckt mit dem Kopf in Fahrtrichtung. »Ich kann ja mal zur Mitropa!«

»Du bist total beknackt«, sagt der Langhaarige, »wie willste da durchkommen? Ist doch viel zu voll. Nee, lass mal!« Er setzt die Flasche wieder an und der Schnaps gluckert. »Ääää«, macht er dann und wischt sich mit der flachen Hand über den Mund.

Die alte Frau verzieht das Gesicht. Ich kapier auch nicht, wie man Schnaps trinken kann, wenn er gar nicht schmeckt!

Pinkau trinkt, weil er Kummer hat, sagt Oma. Aber wenn er so säuft wie gestern, davon kommt seine Frau auch nicht wieder. Die kommt überhaupt nicht wieder. Mutter meint, das geht mich nichts an. Da habe ich nichts mitzureden. Ich sage ja auch nichts mehr. Ich denke nur, was ich will. Aber das stimmt auch nicht. Eigentlich will ich gar nicht darüber nachdenken. Und doch kommt es so und angefangen hat es schon vorgestern, als wir zu Oma hingefahren sind, am Tag vor Weihnachten.

Der Bus war voll wie der Zug jetzt. Noch voller vielleicht! Vor dem Bahnhof warteten so viele Leute, dass ich Angst hatte, wir würden nie mitkommen. Als der Bus um die Ecke zur Haltestelle fuhr, fingen alle an zu schieben und zu drängeln. Ich war gleich zwischen den Leuten eingekeilt und Mutter, die blieb mit dem Koffer ganz hinten. Ich wurde bis zur Tür geschoben, und als ich mich in den Bus quetschte, waren alle Plätze schon besetzt. Die Erwachsenen hatten Fahrscheine und Zeitkarten, aber ich hatte nichts.

»Wo willst denn du hin?«, fragte der Fahrer mich ruppig.

Ich versuchte Mutter in dem Gewühle zu sehen, aber das war unmöglich. Sie war immer noch draußen mit dem Koffer und unseren Fahrscheinen.

»Nach Groß Proseken«, sagte ich. »Meine Mutter kommt noch!«

»Warum hast du keinen Fahrschein?«, knurrte der Fahrer.
»Hat meine Mutter!«
»Na, hoffentlich kommt sie noch mit«, sagte er, und da schoben die anderen mich schon weiter und ich wusste ehrlich nicht, ob Mutter mit im Bus war. Wir fuhren aus der Stadt raus, erst auf der großen Straße und dann auf der Chaussee, auf der noch genauso viel Schlaglöcher waren wie im Sommer. Der Bus stampfte und schlingerte ganz scheußlich. Von den Reifen pfiff der nasse Dreck hoch und schlug über die Scheiben. Ich konnte kaum die dicken Kastanienbäume und später die Apfelallee erkennen. Die Bäume standen am Straßenrand, schräg vom Westwind, der da immer bläst. Der Motor heulte und ich hielt mich in den Kurven an einer Sitzlehne fest. Nötig war das eigentlich nicht, denn umkippen konnte keiner. Ich wippte auf den Zehenspitzen und versuchte, Mutters blaues Kopftuch irgendwo zu sehen. Aber da war nichts. Vielleicht in Ventschenow oder in Klein Proseken, da würde ich mehr sehen. Dort stiegen die meisten Leute schon aus. Ich machte mir keinen Kopp. Von der Haltestelle in Groß Proseken über die Straße nach Damshagen und dann rechts zum Jammerfeld konnte ich allemal auch allein finden. Ich kannte mich doch aus seit dem letzten Sommer! Und außerdem, wenn Mutter was wollte, dann wollte sie das, und sie musste einfach im Bus sein!

Der Bus schaukelte ekelhaft und ich versuchte, die Stöße von den Schlaglöchern abzufedern. Ich stellte mir vor, wie Vater an seinem Diesel auf dem Schiff arbeiten muss, wenn richtig Seegang ist. Dagegen ist so ein Schaukelbus natürlich nur ein Klacks. Aber ich weiß genau, dass ich kein Maschinist auf See werden könnte. Mir wird schon vom Busfahren schlecht. Vater denkt anders darüber. Er versucht mir die Seefahrt schmackhaft zu machen und er sagt auch, es gibt gar nicht so wenig Seeleute, die immer wieder seekrank werden. Nee, ich bin wohl nicht gut für ein Schiff!
Als der Bus plötzlich bremste, flog ich nach vorn und gegen einen Mann, der sich an der Haltestange unter der Busdecke festhielt. Er drehte sich schwerfällig um, weil es doch so eng war.
»He, was soll 'n das«, knurrte er. Aus seinem roten Gesicht starrten mich wässrige Augen an. Das Gesicht kannte ich, aber es war auch fremd. Der Mann beugte sich zu mir runter und ein süßlich scharfer Geruch, so ein Dunst von Schnaps, kam mir entgegen.
»Hannes«, grunzte der Mann, »na, auch mal wieder hier? Lange her, was? Oma besuchen?«
Ich war erschrocken. Es war hässlich, dass der Mann so stank und so schleppend redete. Als hätte er eine ganz dicke Zunge. Ich kannte ihn. Aber ich kannte ihn anders. Das war Pinkau! Der Nachbar von Oma und Opa. Er hatte für Harald und mich die Reuse gebaut und im Augraben mit uns aufgestellt. Opa hatte

die Weidenbügel gemacht. Aber Opa war ja nicht mehr. Pinkau war nur noch Omas Nachbar.
Pinkau voll von Schnaps! Und genau damit fing alles an, in dem schlingernden, stoßenden Bus, auf der Straße, noch vor Klein Proseken.
»Zu Oma willste?« Pinkau stieß mit einer Hand gegen mich. Mit der anderen hielt er sich an der Stange fest. Er schaukelte hin und her und seine Hand mit dem ausgestreckten Finger kreiste und tanzte vor meinem Gesicht.
»Deine Oma, ha«, sagte Pinkau mit schwerer Zunge. Er holte richtig tief Luft und beugte sich noch tiefer zu mir hinunter. »Deine Omma!« Seine Stimme war schon sehr laut. Sie übertönte den Motor und das Dröhnen der Räder. »Deine Omma, deine Omma Wachtoweit, die hat einen Vogel!« Seine Hand fuhr ruckweise auf und nieder. »Haste schon gewusst?«
Was ist denn mit dem los, dachte ich, der spinnt doch!
»Hat sie, jawoll, hat sie!« Er nickte so, dass die Fellmütze auf seinem Kopf wackelte. »Einen Vogel, wirst das sehen!«
»Halt die Klappe, Pinkau!« Eine dicke Frau, die neben uns auf der Sitzbank Pakete und Beutel auf dem Schoß hielt, drehte ihren Kopf zu ihm hin. »Du stehst wohl wieder unter Strom, was?«
Die Frau hatte ich schon mal irgendwo in Groß Proseken gesehen. Aber ich wusste nicht, wer sie war. Ein

breites Gesicht mit roten Backen. Ihr Kopftuch war nass.
Pinkau kniff die Augen zusammen. Er schluckte und sein Kehlkopf fuhr ruckend im Hals hoch und wieder runter. Dann stieß seine Hand auf die Frau zu.
»Hat sie aber, Berta, hat sie ehrlich, jawoll! Finde ich gut, jawoll, finde ich gut von der Omma!«
Die Leute, die vor uns saßen, drehten die Köpfe. Auch die Frau, die neben der Dicken mit dem Kopftuch saß, wandte sich zu ihm hin.
»Pinkau, du Saufnase, gib endlich Ruhe!« Ihre Stimme klang hoch und keifend.
Die Männer, die hinter Pinkau standen, grinsten. Er ließ seinen ausgestreckten Arm absacken und winkte mühsam und schlenkernd mit der Hand ab. So gut es eben ging, drehte er sich von den Frauen weg. Ich konnte sein Gesicht nicht mehr sehen, nur seine roten Ohren über dem hochgeklappten Mantelkragen.
So ein Quatsch, dachte ich, was redet der bloß für einen Quatsch! Ich versuchte, hinter den verdreckten Fenstern etwas zu erkennen. Da hoben und senkten sich die Felder nass und schwarzbraun. Gegen die Scheiben schlug der Regen und manchmal kam ein kleiner schmutzig weißer Fleck auf das Glas. Es wurden immer mehr von diesen Flecken, die sich im Fahrtwind wieder zu Wasser verwandelten. Schneeflocken! Ich hatte mir so doll Schnee gewünscht und Mutter hatte in Berlin schon gesagt: Pass mal auf,

wenn wir in Proseken sind, dann schneit es! Die Wetterkarte im Fernsehen sah auch für Schnee günstig aus.
Weihnachten und Schnee, das war gut! Aber ob ich Skier bekommen würde? Die hatte ich mir schon letztes Jahr gewünscht. Ich bin zwar in der Schule besser geworden, aber große Hoffnung konnte ich auch diesmal nicht haben. Und wie sollten die Skier auch nach Groß Proseken kommen? Dass man sie schicken kann, daran dachte ich nicht. Eigentlich dachte ich immerzu nur über den Quatsch nach, den Pinkau geredet hatte. Ich konnte nicht begreifen, warum er vor all den Leuten so einen Blödsinn über Oma loslassen musste!
Als der Bus in Ventschenow anhielt, stiegen schon eine Menge Leute aus. Pinkau schob sich gleich auf den ersten freien Platz. Sein Kopf sackte ihm auf die Brust und er schlief. Hinter dem Fahrer entdeckte ich Mutters blaues Tuch und in Klein Proseken konnte ich nach vorn.
Mutter war froh, als ich zu ihr kam.
»Da bist du ja«, sagte sie erleichtert. »Ich hatte schon Angst, dich hätte man zerquetscht. Das gab aber ein Gerammel und Gedränge! Beinahe wäre ich nicht mitgekommen!« Sie schüttelte den Kopf. »Was die Leute aber auch noch alle am letzten Tag vor Weihnachten in der Stadt wollen! Man kann doch eher einkaufen. Reine Dummheit!« Aber dann lächelte sie.

»Na, freust du dich? Sieh mal, wir bekommen unseren Schnee!«

Doch, ich freute mich, aber ich hatte zugleich ein komisches Gefühl. Großvater war nicht mehr da und Oma hatte ich seit den Sommerferien nicht gesehen. Sie lebte ganz allein am Jammerfeld. Und dann noch das blöde Gequatsche von Pinkau!

Ich starrte nach vorn, durch die Frontscheibe, auf der die Wischer hin- und herfuhren und gleichmäßige Halbkreise im angetriebenen Schnee freilegten.

»Was meinst du, ob Oma zum Bus kommt?«, fragte ich. Da tauchten die ersten Häuser von Groß Proseken auf, erst die grauen, flachen Bungalows, dann die beiden Wohnblocks, die Backsteinkirche und dahinter unter den dicken Linden das Pastorhaus mit der alten Scheune. Das Loch in ihrem zerfledderten Schilfdach war seit dem Sommer noch größer geworden.

Mutter zog ihr Tuch fester. »Doch nicht bei dem Wetter«, sagte sie.

Der Fahrer schaltete, der Motor heulte auf und brummte dann im kleineren Gang und der Bus fuhr langsam. Wir rollten auf das blecherne Wartehaus zu und da sah ich Oma.

Sie stand unter dem Dach, klein und ein bisschen krumm. Beinahe hätte ich sie gar nicht erkannt in ihrem schwarzen Mantel, denn über den Hut hatte sie sich noch ein Tuch gebunden und auf der linken

Schulter trug sie einen dicken grauen Klumpen. Was das war, konnte ich noch nicht erkennen. Der Bus bremste schon und die meisten Leute griffen nach ihren Taschen, standen auf und zogen ihre Pakete unter den Sitzen vor oder aus dem Gepäcknetz. Nur die blieben sitzen, die noch weiter nach Rubow fahren wollten.

Die Frauen und Männer schoben sich schurrend den Gang entlang und an dem Fahrer vorbei. Sie kannten ihn wohl alle, denn sie sagten: »Na, Emil, denn mal schöne Feiertage« oder auch »Frohe Weihnachten«, und Pinkau schlug ihm auf die Schulter. »Mach's mal gut, Emil, halleluja!«

Mutter hielt den Koffer neben sich im Gang fest und blieb sitzen, bis alle vorbei waren. »Nun können wir auch raus«, sagte sie. Ich sah zum Wartehaus hin.

Durch die offene Bustür konnte ich Oma deutlich erkennen. Sie war ein bisschen zurückgetreten und gerade wollte ich fragen: Was hat Oma denn da?, als Pinkau auf sie zuschwankte. Er streckte einen Arm aus und fuchtelte vor sich her. Oma drehte den Kopf zu dem grauen Klumpen auf ihrer Schulter, und ehe ich recht begreifen konnte, was sie da trug, breitete der Klumpen zwei Flügel aus. Das ging ganz schnell, und als Pinkau an Oma vorbeistolperte, flog ein großer Vogel von Omas Schulter weg.

Ich sprang auf und aus dem Bus nach draußen, mit einem Satz über die Stufen. Ich wäre glatt im Matsch

ausgerutscht, wenn Oma mich nicht abgefangen hätte. Sie stand schon vor der Tür.
»Jungche, Jungche! Nu mal nich so hastig nich!« Sie packte mich an den Schultern und schüttelte mich. Bist du aber klein geworden, dachte ich erschrocken. Nur Omas Augen waren größer als im Sommer. Hinter der Brille standen sie ganz dicht vor mir und ich sah die vielen Falten in Omas Gesicht.
»Wei, Erbarmung, was bist du gewachsen«, sagte Oma. »Wie's Pilzche im Regen!« Sie lachte dabei und dann ließ sie mich los und griff nach dem Koffer, den Mutter hinter uns aus dem Bus schob.
»Lass man lieber, Oma«, sagte Mutter, »der ist zu schwer für dich!«
»Was müsst ihr aber auch so viel Pacheidel mit euch schleppen«, sagte Oma. Mutter trug in der anderen Hand noch meinen Campingbeutel und ihre Tasche.
»Mal gut, dass ich den Wagen genommen hab.« Oma zeigte auf den Ziehwagen neben dem Wartehaus. Dann erst gab sie Mutter die Hand, nahm ihr den Beutel und die Tasche ab und Mutter setzte den Koffer auf den Wagen.
»Nu, dann mal los, Hannes«, sagte Oma und ich griff die Wagendeichsel und zog. Hinter mir klapperten die eisenbereiften Räder über die Kopfsteine. Ich hörte, wie Oma nach der Bahnfahrt fragte, und Mutter redete über den vollen Bus und vom Wetter auch was und dass alles ein viel zu großer Aufwand wäre.

So ganz richtig hörte ich nicht hin. Ich dachte mehr an den Vogel und an das, was Pinkau im Bus gesagt hatte. Das war gar kein Quatsch! Aber was das nun bedeutete, wusste ich noch nicht.

Das Dorf lag hinter uns, da blieb ich einfach stehen.

»Soll ich dir ziehen helfen?«, fragte Mutter. Sie kam mit Oma nach vorn und wollte auch nach der Wagendeichsel greifen.

Ich schüttelte den Kopf. »Nee, lass mal, ich schaffe das schon!« Jetzt schneite es richtig. Große, dicke Flocken kamen angesegelt und Omas Wolltuch über dem schwarzen Hut wurde weiß.

»Du, Oma, was war das? Hast du eine Taube mitgehabt? Da ist doch was weggeflogen?«

»Hast nicht erkannt?« Oma blinzelte mich durch ihre Brillengläser an. »Ist wohl schon zu schummerig! Klara war das. Die möcht immer auf meiner Schulter sitzen!«

Ich muss wohl ein ziemlich dummes Gesicht gemacht haben und Mutter schüttelte den Kopf.

»Na, Opas Lieblingstaube! Weißt nicht mehr?« Oma sah mich mit ihren großen Augen an, als müsste ich das wissen. Aber erkannt hatte ich die Taube nicht.

»Nun kommt doch«, drängte Mutter, »wir werden ja ganz nass!« Sie packte die Deichsel und die Wagenräder klapperten wieder über die Steine.

Wir gingen nicht sehr schnell, und als wir am alten

Mühlenberg von der Straße nach Rubow auf den Fahrweg zum Jammerfeld abbogen, war es schon ziemlich dunkel. Die Häuserreihe hinter den Pappeln am Augraben konnte ich nur undeutlich erkennen. Die Dächer hoben sich wie Elefantenrücken hinter den Koppeln und Feldern ab. Es gab aber auch gelbe Augen. Das waren die Fenster, leuchtende, helle Punkte.

Die Häuser am Jammerfeld sind klein. Da haben früher die armen Leute gewohnt. Oma ist erst nach dem Krieg dorthin gekommen. Das ist lange her. Und Vater ist da geboren. Ist auch schon lange her. Er ist nicht am Jammerfeld geblieben.

Ich musste sehr an Opa denken, als wir vom alten Mühlenberg den zerfahrenen Weg zum Jammerfeld zogen. Wie es sein sollte ohne Opa, das konnte ich mir gar nicht vorstellen. Als ob ich ihn schon ganz lange gekannt hätte. Und dabei habe ich ihn ja gar nicht richtig gekannt. Eigentlich nur von den letzten Sommerferien. Und jetzt kommt es mir vor, als ob das schon unheimlich lange her ist. Ist aber noch nicht mal ein halbes Jahr vergangen seit diesen Ferien! Das war überhaupt erst mal ganz seltsam. Ich hatte Opa und Oma noch nie gesehen, hatte keine Ahnung, dass Vater auf seinem Kahn mal einen Brief geschrieben hatte, irgendwo zwischen China und Japan oder Indien vielleicht. Seit Jahren den ersten Brief an Oma und Opa. Und dann schickte Mutter mich ganz alleine los in den Ferien, und als ich in Groß Proseken

ankam, stand da ein ganz alter Mann mit einem Gehstock. Das war Opa, der mich abholte. Und ich hatte gleich gesehen, wie ähnlich Vater ihm war. Die gleichen Augen! Und genauso stur. Das wusste ich erst später. Und Opa war doch anders. Der stammte eben noch aus einer ganz anderen Zeit. Schon wie er ging mit seinem Stock und mit seinem steifen Bein. Immer ganz gerade. So saß er auch, sogar bei der Arbeit.
»Halt dich gerade, Junge«, sagte er immer. »Du musst einen Stock im Kreuz haben, Junge! Denk dran, die andern, die wollen dich krumm machen.« Das waren so seine Sätze. Verstehen konnte ich das nicht. Ich kenne niemand, der mich krumm machen will.
Zu Anfang erschien Opa mir unheimlich. Mit Oma war das anders, die war gleich ganz lieb zu mir. Sonst wäre ich wohl bald wieder abgehauen vom Jammerfeld. Aber dem Alten wollte ich beweisen, dass ich was aushalten kann. Leicht ging das nicht. Er brauchte mich nur anzusehen mit seinen grünen Augen und dann wusste ich schon, was richtig war und was nicht. Geschimpft oder gemeckert hat er nie. Er sah mir nur genau auf die Finger, ob wir Weidenruten schneiden gingen oder ob wir in seiner Werkstatt saßen.
Körbe flechten! Ein Klacks, hatte ich gedacht. Das sah so einfach aus. Aber Opa, der tippte nur mit seinem harten Finger auf die Bodenplatte, die ich geflochten hatte, nahm sie und warf sie auf den Abfall-

haufen in der Ecke. Nicht mal den Kopf schüttelte er dabei.
»Arbeit muss akkurat sein«, sagte Opa. Akkurat, das war so ein Lieblingswort von ihm, und als die Ferien zu Ende gingen, da hatte ich einen einzigen Korb fertig. Einen!
»Den kannst du mitnehmen in die Stadt«, sagte Opa endlich. Ein Lob! Ob meine Finger kaputt waren von dem harten Rutenzeug, danach fragte er nicht. Seine Hände, die waren wie Holz.
Zu Anfang dachte ich, Opa wäre ein knurriger alter Mann, innen so hart wie außen. Er fragte nicht ein einziges Mal nach Vater und nach Mutter auch nicht. Er wollte gar nichts wissen von uns. Aber die Leute am Jammerfeld und auch in den Dörfern, die mochten ihn. Ich merkte so nach und nach auch, warum. Opa schien nur so hart und dabei war er doch gut. Zu allen, zu den Großen und zu uns Kindern und zu den Tieren auch. Zu denen vielleicht noch am meisten. Er war anders gut als Oma. Bei ihm gab es keine Taube in der Küche! Deshalb hätte auch nie passieren können, was jetzt passiert ist.
Wenn der Hund nicht ..., sagt Vater. Das ist alles Quatsch, was ich mir jetzt so denke. Opa ist nicht mehr da, nur seine Taube gab es noch, als wir mit dem Handwagen zum Jammerfeld zogen. Da saß sie schon längt wieder in der Küche. Aber das wusste ich noch nicht und ich wusste überhaupt noch nicht, was

alles noch passieren sollte. Ich freute mich nur, dass immer mehr Schnee vom Himmel fiel. Richtiger Weihnachtsschnee!
Die kleinen Lichter am Jammerfeld wurden zu Fenstern, je näher wir kamen, und sie wurden farbig mit bunten Gardinen und im Eckhaus bei Garbers waren die Gardinen nicht zugezogen. Da stand eine Weihnachtstanne hinter dem Fenster. Daran brannten elektrische Kerzen.
»Haben wir auch einen Weihnachtsbaum?«, fragte ich Oma.
»Nu, ja doch, Jungche, morgen am Heiligabend, wenn wir von der Kirche kommen.«
»Wieso Kirche?« Mutters Hand ruckte an der Wagendeichsel. »Wir gehen doch nicht zur Kirche!« Sie blieb stehen.
Oma stiefelte weiter. »Nu, ihr werdet mich doch nicht allein gehen lassen!«
»Was sollen wir in der Kirche?«, fragte Mutter unwillig.
»Ich möcht aber!« Mehr sagte Oma nicht.
Ich konnte mir noch nicht vorstellen, warum Oma zur Kirche wollte. Oma hatte nie von Kirche gesprochen und Opa auch nicht. Im Sommer, als ich sie am Jammerfeld besuchte, da war Oma nie zur Kirche gegangen. Ich kannte die Kirche von Groß Proseken auch nur von außen. Die habe ich jetzt erst von innen gesehen. Im Sommer, da spazierten auf ihrem Dach

die jungen Störche, auch auf dem breiten Turm. Wo die Störche standen, waren die Dachziegel weiß. Das Nest der Störche lag nebenan, auf der alten Scheune. Jetzt sind sie längst in Afrika. Die Störche haben es gut. Fliegen einfach los und dahin, wo es warm ist. Ist ja klar, wenn es schneit, finden sie nichts zu fressen. Mir gefällt Schnee.

Der Zug saust durch die graue Landschaft. Über den Koffern wackeln meine Skier.

Die Männer neben mir lassen schon wieder ihre Flasche gluckern. Das Mädchen strickt immer noch. Die alte Frau schläft. Der Mann hält ihre Hand fest.

Oma ist jetzt wieder allein am Jammerfeld und Pinkau, der kann die Klappe im Küchenfenster wieder ausbauen. War alles ganz umsonst.

Im Haus von Pinkau brannte schon Licht, als wir am Jammerfeld ankamen. Oma machte das Tor vom Hof auf und ich zog den Wagen am Schuppen vorbei, in dem Opa mir beigebracht hatte, wie man akkurat einen Korb flechten muss. Genau daran dachte ich. Oma ging vor, machte den Windfang auf und knipste das Hoflicht an. Da sah ich, dass die Schuppenwand leer war. Die Bienenstöcke fehlten und das Taubenhaus auf dem Hof auch. Ich überlegte, wo wohl die Taube wohnen mochte, mit der Oma zum Bus gekommen war.

»Nu kommt schon herein«, rief Oma und ich kratzte

mir die Schuhsohlen auf dem Eisen an der Hauswand sauber. Auch das hatte ich im Sommer gelernt.
»Musst du machen«, sagte ich zu Mutter.
»Du kennst dich ja aus hier«, meinte sie.
Oma zog hinter uns die Tür zu. Sie streifte das Tuch ab, hängte den Hut an den Haken und zog sich den Mantel aus.
»Ach, diese Brille aber auch«, sagte sie, »immer tut sie beschlagen.« Sie klinkte die niedrige Tür zur Küche auf, griff um die Wand zum Lichtschalter und dann nahm sie die Brille ab. Ohne die Gläser war ihr Gesicht noch kleiner. Sie wischte die Brille am Kleid ab und schob sie sich wieder auf die Nase.
»Kommt, kommt«, sagte Oma, »hier haben wir's warm!«
Die Küche war anders als im Sommer. Da stand zwar noch immer der gemauerte Küchenofen, aber die Bank mit den Wassereimern fehlte. Das sah ich gleich. Dafür gab es an der Wand einen Wasserhahn und ein Becken. Im Sommer hatte ich jeden Tag von der Pumpe Wasser geholt. Mit einer Trage aus Holz. Die passte über die Schulter, ein bisschen zu groß, aber es ging ganz gut. Opa hatte die Ketten für mich kürzer gemacht, an der die beiden Eimer hingen. Sie waren ganz schön schwer. Wenn ich die Eimer in der Küche auf die Wasserbank gestellt hatte, wurde ein Tuch darüber gelegt. Rot und weiß kariert.
»Du hast ja jetzt 'ne Wasserleitung«, staunte ich.

Oma nickte. Sie sah sehr zufrieden aus. »Ja, wir haben jetzt alle Wasserleitung am Jammer. Ganz umsonst, stellt euch vor! Soll ja über hunderttausend Mark gekostet haben. So viel Geld!«
Es war aber nicht Wasserhahn und Wasserbecken, was die Küche anders machte, und auch nicht, dass die Eimer mit dem rotweißen Tuch fehlten. Der Küchentisch mit der Wachstuchdecke stand noch immer genau unter der Hängelampe und das alte Sofa war auch noch da. Opa hatte jeden Abend auf dem Sofa seine Zeitung gelesen und einen Stumpen geraucht und die Küche roch stets nach seinem Knaster. Er hatte sich die Pappschachtel mit diesen Zigarren immer von dem kleinen Holzregal geholt, das über dem Sofa hing.
Jetzt roch es nicht mehr nach schwarzen Stumpen in der Küche. Da war ein anderer Geruch, so ein bisschen süßlich und muffig. Wie im Taubenhaus, wenn die Sonne auf das Teerdach knallte. Der große Ziegelherd gab ganz schön Hitze ab.
Das kleine Regal hing nicht mehr über dem Sofa. Ich konnte es nicht gleich sehen, denn es hing jetzt an der anderen Wand. Und auf dem Regal saß die Taube! Sieh an, dachte ich, aber ich wunderte mich auch.
»Was stehst du denn in der Tür herum!« Mutter schob mich weiter in die Küche. Sie musste sich bücken und dann schüttelte sie mal wieder den Kopf. »Hier kann man sich ja Beulen holen! Warum Opa

das nie geändert hat! Er war doch ein großer Mann! Hat er sich denn nie gestoßen?«
Oma gab keine Antwort und Mutter sagte erst mal gar nichts mehr. Sie stand neben mir, streckte den Kopf vor und starrte auf die Taube an der Wand.
»Was ist denn das?«, brachte sie endlich heraus.
Die Taube war grau und dick. Sie hockte auf dem Regal, ein großer Federklumpen. Den Kopf hatte sie unter den Flügel gesteckt. Ihre Federn hoben und senkten sich langsam.
Oma lächelte. »Meine Klara!«
Die Taube zog den Kopf unter dem Flügel hervor, als hätte sie das verstanden. Sie blickte uns aus roten, hell geränderten Augen an.
»Ach«, machte ich. »Dann hat Pinkau ja doch Recht gehabt!«
Mutter ruckte ihren Kopf zu mir herum und schoss mir einen warnenden Blick zu.
Aber Oma nickte nur, als wüsste sie schon, was gemeint war. »Ja, ja, der staunt, wie zahm Klara geworden ist. Ist kein schlechter Kerl nicht, der Pinkau!«
»Wie die Axt im Walde«, sagte Mutter. »Eine Zumutung, so betrunken, wie der war, im Bus!«
»Wei, Erbarmung!« Oma ging um den Tisch zum Schrank. »Sachte, Mädchen, sachte. Die Frau ist ihm weg, Kummer hat er! Nu, da wird er mal saufen und dann auch bisschen viel reden. Was macht das! Aber nun setzt euch, hungrig müsst ihr sein!«

Mutter ließ den Blick nicht von der Taube. »Kann ich dir helfen?«, fragte sie Oma, die Tassen und Teller aus dem Schrank nahm. Ihre Nase verzog sich.
»Riecht nicht gut hier«, sagte Mutter.
Die Tassen klapperten in Omas Händen. »Meinst du?«
»Ja, wirklich, gar nicht gut!«
Die Taube wandte uns den Kopf zu. Sie ruckte ihn auf und nieder und hob den Schwanz an. Ein weißer Strahl fuhr nach unten und schlug klatschend auf. Da lag eine Zeitung ausgebreitet. Oma bückte sich überraschend schnell. Sie drückte das Papier zu einem Knäuel zusammen, zog die Ofentür auf und schob das Papier ins Feuerloch.
Mutter machte den Mund auf und wieder zu. Sie brachte kein Wort heraus.
Ich hätte lachen können. Das sah komisch aus, aber ich konnte mir auch genau vorstellen, was sie sich dachte.
»Oma«, stieß sie dann aus, »du, das ist ja …!« Sie musste sich richtig zusammennehmen und das fiel ihr schwer. »Also, weißt du, das ist ja nicht gerade appetitlich! Wir wollen doch essen! Weißt du, wie unhygienisch das ist? Ach, was sage ich denn. Gefährlich ist das, Oma! Du kannst doch nicht so eine Taube in der Küche halten!«
»Warum nicht?«, fragte Oma. »Weißt, wir haben immer Tauben gehabt, der Opa und ich.«

Mutter verzog das Gesicht. »Ich bitte dich! Doch nicht in der Küche!« Ihre Stimme wurde schon ein bisschen schärfer. Sie pochte mit ausgestrecktem Finger auf den Tisch.
»Lass es dir sagen, Oma! Im Taubenkot können gefährliche Keime sein! Sie verursachen Krankheiten. Versteh doch, ich will gar nichts sagen gegen dich. Ist ja deine Sache. Aber wenn du schon einen Vogel halten willst, dann muss das seine Ordnung haben. Ein Kanarienvogel meinetwegen. Der ist ja auch schön und singt und man hält ihn im Bauer, also sauber. Aber doch keine Taube, die ihren Dreck in die Küche ablässt!«
Oma setzte die Tassen auf den Tisch und schüttelte den Kopf.
Aber Mutter war noch immer nicht fertig. Jetzt hatte sie ihren belehrenden Ton drauf, so ein bisschen geduldig und auch ganz bestimmend. »Oma, du kannst dir nicht vorstellen, welche Probleme wir in der Stadt gerade durch Tauben haben. Wirklich! Sie setzen mit ihrem Dreck alle möglichen Erreger auf den Fensterbänken ab. Paratyphus! Das ist kein Spaß, Oma! Glaub mir, es ist gefährlich. Du darfst keine Tauben in der Küche halten. Bei aller Liebe, das kannst du nicht. Das musst du schon einsehen!«
»Nu, setz dich, Mädchen«, gab Oma zurück. »Du weißt deins und ich weiß meins. Geht's mir gut oder nicht?« Sie plinkerte hinter ihren Brillengläsern zu

mir herüber. »Wir sind mal nicht in Berlin! Und in deinem Krankenhaus sind wir auch nicht.«
»Richtig«, sagte Mutter spitz, »aber ich will dich auch nicht im Krankenhaus wieder finden müssen! Und du kannst sicher sein, dass Willi es auch nicht billigen wird, wenn du dich derart gefährdest.«
Ach, Mutter, du übertreibst, dachte ich. Mit dem Krankenhaus und mit Vater erst recht. Der regt sich bestimmt nicht so auf!
Der Taube war es egal, was Mutter sagte. Sie plusterte sich und stierte aus ihren runden Augen zu uns herunter. Dann schob sie den Kopf wieder unter den Flügel und schlief weiter. Mutter zog nun endlich einen Stuhl unter dem Tisch vor und setzte sich. Aber sie sah noch immer angewidert zu der Taube hin.
»Nicht mal schön ist sie!«
Das war richtig, Klara war keine schöne Taube. Opa hatte ganz andere Tauben gehalten, weiße Pfauentauben und zierliche Möwchen. Die sahen wirklich schön aus. Klara war nur grau und dick wie die verwilderten Tauben in Berlin. Aber das konnte noch lange kein Grund sein, so ein Theater zu machen.
Oma setzte sich auch. Sie schob ihre kleine braune Hand über Mutters Hand.
»Mir ist sie schön, die Klara!«, sagte Oma. »Kannst du ja nicht wissen, wie sie immer auf Opas Schulter gesessen hat. Weiß nicht, warum, aber er hat sie gemocht, das Grauchen. War ganz anders als seine Tau-

ben sonst. Geflogen ist sie selten. Wollte immer nur bei ihm sein und dann hat er ihr beigebracht, auf der Schulter zu sitzen, und er ist herumgegangen mit ihr, wohin er wollte. Nun, und dann, als Opa nicht mehr war, da ist sie zu mir gekommen, ist immer nur hinter mir gewesen und ist mir auf den Kopf und auf die Schulter geflogen. Sogar ans Fenster hat sie geklopft. Wo sollte sie hin? Ich hab's nicht übers Herz gebracht, die Klara wegzugeben, nein, das konnte ich nicht. Weißt, die Klara, das ist das Letzte, was noch geblieben ist, und sie macht mir keine Arbeit. Das Taubenhaus und die anderen Tauben – nu ja –, das war zu viel für mich. Und die Bienen auch. Alles ist weg. Nur nicht die Klara. Sie soll auch bleiben bei mir!«

Mutter sagte nichts mehr gegen die Taube. Sie dachte aber darüber nach. Das merkte ich genau. Auch als wir schon in den alten Betten unter den dicken Federkissen in der Schlafkammer lagen. Ich hörte Mutter neben mir atmen. Sie schlief noch nicht.

An der Dachkante klapperte ein Brett im Wind. Ich konnte nicht einschlafen, starrte in die Dunkelheit und langsam kam das Fenster wie ein helles Viereck daraus hervor. Ich sah sogar, wie dicke Schneeflocken an die Scheibe wehten.

Wir lagen in Omas und Opas Betten und ich mußte wieder an Opa denken. Er ist nicht in seinem Bett gestorben. Trotzdem, mir war das unheimlich. Ich hätte lieber wieder in der kleinen Kammer geschlafen, die früher mal Vaters Zimmer war. Da kannte ich schon alles. Im Sommer war das meine Bude. Ich hatte in Vaters Bett gelegen und an dem kleinen Tisch gesessen, an dem er vor vielen Jahren seine Schularbeiten machte. Das hatte Oma mir mal gesagt, aber nur ganz nebenbei. Das war ihr wohl nur so rausgerutscht. Denn Opa und auch Oma fragten nie nach ihm und ich spürte, ich sollte sie auch nichts fragen. Als gäbe es Vater gar nicht für sie!

Opa, der nie krank war, ist im Krankenhaus gestorben. Vielleicht, weil er immer diese schwarzen Zigarrenstumpen geraucht hat. Vorstellen kann ich mir das alles nicht. Erst kriegt man Husten und dann tun die Lungen weh, weil sie entzündet sind, und man kann nicht mehr richtig atmen, weil man so viel Fieber hat. Oder vielleicht war es auch Krebs. Omas Tee konnte jedenfalls nicht helfen und Medizin auch nicht. Der Krankenwagen kam und holte Opa ab in die Klinik. Da war Oma allein. Nur die Bienen gab es noch und die Tauben. In der Zeit muss sie sich wohl schon an Klara gewöhnt haben.

Wir lagen in den großen Betten und ich hörte den Wind und dann dachte ich daran, dass bis zum Morgen doch richtig Schnee fallen könnte. Draußen schien es nicht mehr so dunkel zu sein. Meine Augen hatten sich an die Dunkelheit gewöhnt, aber Mutters Gesicht konnte ich nicht erkennen.

»Schläfst du schon?«, flüsterte ich.
»Nein. Aber du schlaf mal.«
Ich drehte mich weiter zu Mutter um und das Bett quiekte mit seinen Federn unter mir.
»Lieg doch still«, sagte sie. »Du musst doch müde sein nach der langen Fahrt!«
»Ich kann aber nicht schlafen!«
Ich hörte, dass Mutter tief Luft holte. »Ich auch nicht. Die Oma ist so ein Starrkopf!«
»Du, Mutti«, sagte ich, »warum bist du eigentlich so tickig zu Oma?«
Sie antwortete nicht.
»Die Taube ist doch von Opa! Lass sie doch!«
»Junge!« Das klang ärgerlich. Aber dann sagte sie: »So viel weißt du doch auch schon: Das ist eine ziemliche Schweinerei mit dem Vogel in der Küche!«
Es war genau dieser Ton, den ich nicht mag an ihr. Vielleicht redet sie mit den Kranken in der Klinik so. Ein bisschen wie Doktor Allwissend. Vater verträgt diesen Ton auch nicht.
»Meinst du wirklich, dass Oma krank werden kann?«, fragte ich vorsichtig. »Hier sind immer Tauben gewesen. Das ist ganz anders als bei uns in Berlin!«
Ich fühlte, wie Mutter den Kopf auf dem Kissen schüttelte. »Ganz anders! Ja, richtig. Hier kann man nicht mal sicher sein, ob so ein weißer Strahl nicht mitten auf dem Tisch landet!«

Ich hörte wieder den Wind. Es hatte wohl keinen Zweck, noch weiter zu reden.
Mutter schob sich das Kissen unter dem Kopf zurecht.
»Überhaupt«, sagte sie, »das sind doch keine Zustände, wie Oma hier lebt! Die Leute reden über sie und tippen sich an den Kopf. Du hast es ja gehört – Oma Wachtoweit hat einen Vogel! Und die anderen lachen darüber. Die Oma wird zum Gespött. Jeder Trunkenbold kann sich lustig machen. Das ist doch ein schlimmer Zustand. Sie wird wunderlich dabei!«
»Nee«, sagte ich. »Nun übertreibst du aber. Was soll denn wunderlich sein? Bei uns haben die alten Leute ihre Hunde. Denk mal an Frau Waldmüller und an die dicke Frau aus dem Nebenhaus. Wie die mit ihren Hunden rumzotteln. Und Oma, die hat eben ihre Taube. Und die ist so zahm!«
»Ach Hannes, das verstehst du doch noch nicht, und um die Taube allein geht es gar nicht mal. Um Oma geht es. Sie kann nicht mehr allein hier bleiben. Sie muss sich so und so von ihrer Taube trennen!«
Ich verstand wirklich nichts.
»Das wird eine ziemliche Umstellung sein«, sagte Mutter, »und ich muss mich auch erst daran gewöhnen. Aber Vater will es so und er hat Recht damit. Wir stimmen völlig überein.«
»Was denn? Womit? Ich kapier kein Wort!« Ich

setzte mich auf und zog mir das Federbett bis ans Kinn. Es war etwas im Gang, wovon ich nichts wusste. Vaters Briefe waren in letzter Zeit viel dicker als sonst. Er schrieb öfter, seit Opa beerdigt war. Aber nie hatte ich mit dem gerechnet, was Mutter dann sagte.

»Weißt du, es ist besser, wenn Oma zu uns nach Berlin kommt.«

»Ach!« Mehr brachte ich erst mal nicht heraus. Das war stark! Oma bei uns, und als Erstes dachte ich, Oma könnte dann immer kochen für uns. Richtiges gutes Omaessen. Das war das Erste. Und eigentlich ziemlicher Quatsch. Wie sollte Oma sich denn wohl fühlen bei uns? Na, schön, mich kannte sie ja, aber Mutter war fremd für sie und Vater eigentlich auch.

»Und Oma, was sagt Oma dazu?«, fragte ich schließlich.

»Ich weiß es nicht genau«, sagte Mutter. »Dein Vater hat ihr ausführlich geschrieben. Er wird in absehbarer Zeit ganz an Land bleiben. Dann ist ohnehin alles ein bisschen anders. Auch für dich. Aber vielleicht, ach nein, das ist nichts für dich!«

Ich fühlte mich richtig verschaukelt. Da mussten wir erst zu Oma fahren, bis Mutter damit herauskam, Vater würde von seinem Dampfer steigen. Ich konnte es nicht begreifen. Und auch nicht, wie sie mit Oma umgingen. Zuerst war es so, als würde es die Großeltern gar nicht geben. Dann schickten sie mich in den Ferien zum Jammerfeld und das fand ich ja auch richtig prima. Aber warum Vater in all den Jahren kein einziges Mal Oma und Opa besuchte und Mutter ja auch nicht, davon hatte ich keine blasse Ahnung. Und jetzt, auf einmal, wurde beschlossen, Oma sollte zu uns nach Berlin. Das gab überhaupt keinen Sinn!

»Nun sag doch schon«, bohrte ich, »bin doch kein Säugling mehr! Sonst soll ich immer schon halb erwachsen sein, aber wenn es wirklich mal was Wichtiges gibt, dann stellt ihr euch an! Finde ich gar nicht gut, dass du erst jetzt damit rauskommst, Mutter! Wenn alles fertig ist. Dann darf ich mit dem Kopf nicken! Oder wie? Und mit Oma macht ihr das auch so. Das wird nie was!«

Eigentlich hätte jetzt eine scharfe Antwort kommen müssen. Aber erst einmal sagte Mutter gar nichts und dann klang ihre Stimme ziemlich leise und eher ein bisschen traurig.

»Es ist nicht so ganz einfach zu erklären. Ich hätte deinen Opa gern gekannt. Aber Vater und Opa sind im Bösen auseinander gegangen. Das ist sehr lange her, zwanzig Jahre schon. Da konnte Vater noch längst nicht an dich oder an mich denken. Da dachte er nur daran, wie er hier ausreißen konnte. Weg vom Jammerfeld und zur See! Als er achtzehn war und Opa ihm nicht mehr befehlen konnte, was er zu tun und zu lassen hatte, als seine Schlosserlehre zu Ende war, da hat er seine Sachen gepackt. Da ist es passiert.

Dein Vater war stur und dein Opa war es auch. Einer wie der andere. Opa hat mit seinem Stock gedroschen und dein Vater hat sich gewehrt. Er hat zurückgeschlagen. Das war hässlich. Und Vater schämt sich noch heute dafür. Aber er durfte niemals wieder nach Hause kommen. Nicht mal, als wir heirateten. Und das kannst du mir glauben, Hannes, so etwas tut weh. Nicht nur mir und Vater. Am meisten hat bestimmt Oma darunter gelitten. Sie wusste doch nicht, was mit ihrem Jungen ist! Sie hat sicher genauso viel Angst um Vater wie ich. Und das muss auch deinen Opa geschmerzt haben. Aber aus seiner Haut konnte er nicht heraus. Er ist hart geblieben bis zuletzt. Zwischen ihm und Vater gab es keinen Weg. Nur einen Umweg. Ja, den gab es dann zum Glück noch!«

Ich starrte in die Dämmerung, in das grauweiße Bett neben mir, aber ich konnte Mutters Gesicht nicht erkennen. Jetzt war es wieder ganz still. Mir ging alles wirr im Kopf herum.

»Was denn für 'n Umweg?«, fragte ich endlich.

»Na, überleg mal«, sagte Mutter, aber ich wusste nicht, was sie meinte.

»Was denn?«, fragte ich noch mal.

»Du«, sagte Mutter leise, »du!«

»Ich?«

»Ja, du. Weil du Vater sehr ähnlich bist. Und Opa hat dich sehr gemocht, glaube ich. Anders als seinen Willi, anders als deinen Vater. Aber wohl auch nicht

weniger. So, und nun ist's genug, jetzt wird geschlafen!«
Mutter drehte sich zur Wand und zog sich das Deckbett über den Kopf. Aber ich konnte nun erst recht nicht einschlafen. Ich versuchte mir vorzustellen, wie Vater als Junge gewesen ist. Aus dieser Zeit gab es nicht mal Fotos von ihm. Ich musste ihn fragen nach all diesen Sachen, das nahm ich mir fest vor. Wieso er denn nicht mit Opa klargekommen ist. Nicht mal zu seiner Beerdigung war er da! Aber dafür konnte er nichts: Er schwamm irgendwo im Fernen Osten herum. Mutter nahm mich nicht nach Proseken mit und ich glaube, sie ist selbst auch nicht gern gefahren. Sie kannte Opa ja gar nicht. Sie staunte nur über die vielen Leute auf dem Friedhof, und die kamen aus den Dörfern rundherum. Mich wundert das nicht. Opa haben alle gern gemocht. Ich weiß nicht, warum, aber Opa war anders als die meisten Leute. Er hätte ja 'ne Menge Geld machen können mit seinen Körben und mit seinen Vögeln auch. Die Körbe hat er immer ganz billig verkauft und die Vögel, die hat er verschenkt. Opa war ein richtiger guter Mann! Ich kann es einfach nicht kapieren, warum Vater und er so aneinander gerieten. Das soll Vater mir sagen. Ich lag da im Bett und grübelte und hörte auf den Wind, der das Brett am Dach klappern ließ.
Am Morgen fiel weißes Licht in die Schlafkammer. Mutters Bett fand ich leer und der Fensterrahmen

hatte einen dicken Schneerand. Ich ging gleich zum Fenster. Die alten Dielenbretter strahlten eine Kälte aus, dass ich die Zehen krumm machte. Über Nacht war eine Menge Schnee gefallen. Leider sah er ein bisschen nass aus. Die Spuren auf dem Fahrweg da draußen hatten dunkle Ränder. Aber es war Schnee, richtiger Weihnachtsschnee, und ich dachte nicht mehr an das, was Mutter alles erzählt hatte.

Als ich mich umdrehte, sah ich unter dem Bett dicke Filzlatschen. Die hatte Oma wohl extra für mich hingestellt. Ich brauchte gar nicht die Zehen krumm zu machen.

Ich lief zur Tür, über den kalten Flur und riss die Tür zur Küche auf.

»Es hat geschneit, Mutti, es hat geschneit«, schrie ich.

»Nicht so wild, Jungche!«

Nur Oma war in der Küche. Sie stand am Herd und vom Regal an der Wand flatterte die Taube auf. Sie flog zum Fenster und ich dachte erschrocken: Gleich gibt es einen Riesenknall. Aber oben im Fenster befand sich ein Kasten, durch den die Taube geschickt nach draußen verschwand. Ein weicher Lappen hing wie eine Klappe darin. Das hatte ich am Abend gar nicht gesehen.

»Ist ja praktisch, Oma!«

Sie sah mich ganz lieb an und sofort fiel mir ein, was Mutter gesagt hatte: Oma bei uns in Berlin!

»Ja«, sagte Oma, »das hat Pinkau für uns gebaut. Hab ich ihm zehn Mark dafür gegeben.« Sie tippte mit einem Finger leicht an ihren faltigen Hals. »Die waren rasch weg! Gluck, gluck. Musst aber nicht so wild sein, Hannes! Das ist die Klara nicht gewöhnt, weißt.«

»Ja, Oma.« Es tat mir echt Leid, dass ich die Taube verjagt hatte.

»Ist Mutti nicht da?«

Oma schüttelte den Kopf. »Nach Proseken ist sie, zum Konsum. Sahne hab ich bestellt. Du magst doch Sahne zum Kuchen?«

»Klar, Oma!« Und ich dachte wieder, wie gut es wäre, wenn Oma nach Berlin käme. Aber ich fragte sie nicht. Das wollte ich nur, wenn Mutter dabei war.

Ich ging zum Fenster und wischte die beschlagene Scheibe frei.

»Du, Oma, was macht deine Taube jetzt da draußen?« Ich sah sie nicht. Im Garten, hinter dem Hofplatz, lag der Schnee dick und ohne Spuren. Auf den verschneiten, trockenen Pflanzenstängeln am Zaun saßen ein paar Vögel. Sie hatten aufgeplusterte rote Brüste und sie trugen schwarze Kappen.

»Ein bisschen fliegen wird sie und kacken auch«, sagte Oma, »und dann kommt sie gleich zurück. Sie mag nicht allein sein. Hockt immer bei mir herum. Wenn ich draußen bin, dann kommt sie, schwupp, auf meine Schulter. Und kannst du dir vorstellen, wenn ich zum Konsum gehe, nach Proseken hin, muss ich sie tragen. Aber mit in den Laden darf sie nicht. Sie hat andere Leute auch nicht gerne. Dann fliegt sie nach Hause. Wenn ich komme, sitzt sie schon da, die Klara. Mir gefällt das.«

»Mir auch, Oma!«

Ich sah weiter zum Fenster hinaus zu den Vögeln, die so unwahrscheinlich farbig waren.

»Was kuckst du, Hannes?« Oma kam vom Herd und stellte sich neben mich. Ich nickte zum Garten.

»Futter müssen wir streuen«, sagte Oma. »Das sind die Gimpelchen. Opa hat einen im Bauer gehabt vor Jahren. Hansi hieß er. Der war auch ganz zahm, und wenn er mochte, durfte er in der Küche fliegen und in der Stube auch.«

»Sehen unheimlich gut aus, Oma!«

»Ja, sind schön, die lieben Vögelchen. Er hat sie gern gehabt.«

Ich sagte nichts, wie wir da zusammen am Fenster standen, und ich habe auch an Opa gedacht. Die Gimpel klaubten kleine Samen aus den trockenen Kräutern.

»Hast du den Schlitten noch?«, fragte ich nach einer Weile. »Oder ist der auch weg?«

»Er ist noch da«, sagte Oma, »aber er möcht zu groß für dich sein.«

»Und das Werkzeug, ist das auch noch da?«

Oma nickte und mir war so, als würden ihre Augen hinter den Brillengläsern mich etwas fragen wollen.
»Auch Holz noch?«, sagte ich.
Da kam ein kleines Lächeln über ihr Gesicht.
»Ja, ja! Willst es wieder versuchen?« Sie wusste gleich, was ich wollte.
»Erst mal 'ne Stulle, Oma!«
»Und wirst mir auch den Schnee wegschieben vom Hof?«
»Schon gebongt, Oma!«
»Was meinst du?«
Da sagte ich schnell: »Klar doch, Oma, mache ich!«
Aber erst mal schmierte ich mir ein paar Honigstullen. Mit Honig von Opas Bienen. Es gab nichts, wobei ich nicht an Opa denken musste. Das merkte ich auch, als ich auf dem Hof stand und mir den Schneeschieber nahm. Oma hatte ihn neben den Windfang gestellt. Ich brauchte ihn nur anzufassen und fühlte gleich, dass Opa ihn gebaut hatte. Der Stiel trug einen Griff an der Seite wie ein Sensenbaum. Der war ausgesucht, irgendwo in der Hecke zwischen Augraben und Proseken. Ganz bestimmt hatte Opa ihn mal in irgendeinem Herbst mit seinem scharfen Fuchsschwanz abgeschnitten und über Winter unter dem Vordach vom Schuppen hängen lassen. Da hingen noch immer Stiele für Schaufeln und für Besen und für Heuharken und für Forken auch. Alle waren von

Natur so gewachsen, dass sie genau die richtige Krümmung haben. Sie machen die Arbeit gleich leichter. So viel hatte ich von Opa schon gelernt. Erst denken, dann arbeiten. Das war nur einer von seinen Sprüchen. Stimmt aber – gutes Werkzeug macht die halbe Arbeit!

Der Schneeschieber war so ein Werkzeug. Trotzdem wurde mir ganz schön warm. Der Schnee klumpte. Ich hätte einen prima Schneemann bauen können. Aber ich wollte unbedingt in den Schuppen. Mutter sollte eine Überraschung zu Weihnachten bekommen. Für Oma hatten wir schöne Hausschuhe aus Fell und Leder und ein neues Kopftuch auch noch. Für Mutter sollte es was Besonderes, nichts Gekauftes sein.

Endlich hatte ich den Hof geräumt und um das Haus einen breiten Weg bis an die Fahrstraße geschoben. Ohne Taubenhaus kam mir der Hof richtig kahl vor. Ich schob noch den Schnee vor dem Schuppen zur Seite und dann konnte ich die grüne Tür öffnen.

Die Werkstatt war kalt, aber sie roch noch immer nach Harz und Holz und auch bitter nach Weidenruten. Nicht so wie im Sommer, als die Sonne auf das Pappdach knallte. Aber ein bisschen war vom Geruch geblieben. Die Fensterscheiben sahen grau aus, mit Spinnweben, und als ich den Werkzeugschrank aufmachte, wehte mir Staub entgegen. Da hingen die alten Stechbeitel mit den braunen Griffen, die Schnitzmesser und die Hobel. Auch Opas große Bohrleiter

war noch da. Alles an seinem Platz. So, als ob Opa die Tür gerade zugemacht hätte. Nur der Staub, der gehörte nicht dazu.
Ich hatte ein komisches Gefühl, als ich vor dem Schrank stand. Opa war sehr eigen. Die alten Hobel durfte ich nie anfassen. Du musst erst die groben Griffe richtig lernen. Einen Hobel, den muss man anfassen wie eine Braut! Wieder so ein Spruch von ihm und zu Anfang hatte ich gedacht: Der Alte, der spinnt. Wie er sich anstellt mit seinem Kram! Aber als ich in der kalten Werkstatt vor dem offenen Schrank stand, spürte ich noch immer seine Blicke auf meinen Händen. Er brauchte mich nur anzusehen mit seinen eisgrünen Augen und ich wusste schon, was richtig war und was nicht.
Oma, die ist nicht so. Sie mag auch gern erzählen. Wie sie damals nach Mecklenburg gekommen sind, als der Krieg zu Ende ging. Ich kann mir das alles gar nicht richtig vorstellen. Opa mit seinem steifen Bein und mit Pferd und Wagen und mit Oma und ihrem ganzen Kramzeug im Winter unterwegs. Wochenlang, von Masuren bis nach Mecklenburg. Dann hatten sie kein Pferd mehr und sind erst mal in Rubow im Gutshaus untergekommen. Da sammelten sich schon viele andere Leute. Die waren auch alle vor dem Krieg weggelaufen. Ist schon über vierzig Jahre her und Oma sagt auch: Vorm Krieg kann man nicht mehr weglaufen!

Später sind Oma und Opa zum Jammerfeld gezogen, als das Haus leer wurde. Da gab es Vater noch nicht und Mutter schon gar nicht. Die ist noch ein Stück jünger und vom Jammerfeld weiß sie nicht viel und von Masuren auch nicht. Von Masuren erzählt Oma oft. Das ist anders gewesen, sagt sie. Weißt, die Bäume viel höher! Nicht wie hier. Und Wasser, viel Wasser hat es gehabt!
Am Jammerfeld ist nicht viel Wasser. Nur der Augraben. Und der ist nicht schlecht. Da ziehen sogar Aale zum Rubower See und Harald meinte, im Frühjahr gehen die Hechte im Graben lang. Karauschen sind immer drin. Aber an die Karauschen dachte ich nicht, als ich vor dem Schrank stand. Das alte Werkzeug von Opa. Das alles hatte er mitgebracht aus Masuren, aus seiner Werkstatt unter den hohen Bäumen. Wagendeichseln hat er da gebaut und Räder und Wagen und Schlitten auch. In Masuren ist viel Schnee im Winter. Aber Türen und Fenster hat er auch gemacht. Und seine Vögel. Vögel aus Holz mit gespreizten Schwänzen und mit spitzen Schnäbeln. Nur so zum Spaß und zum Freuen.
Wenn Opa nicht aus Masuren gekommen wäre, hätte es solche Vögel in Proseken und in Ventschenow und in Rubow wohl nie gegeben. Nur weil er sein Werkzeug auf dem Pferdewagen hatte. Da konnte er wieder Vögel machen. Vater hat bestimmt mit diesen Vögeln gespielt, als er klein war, und Opa, den kannten

die Leute durch seine Vögel. Die wollten sie alle haben und er hat eine Menge davon geschnitzt. Bis sie ihn mit dem Krankenwagen in die Klinik fuhren.
Vorher hatte ich nie darüber nachgedacht. Erst als ich vor dem offenen Schrank stand. Im Regal daneben lag das Holz für die Vögel aufgestapelt, trockene Fichte und Kiefer, noch von Opa ausgesucht. Es musste ganz gerade Fasern haben und wurde in handlange Stücke geschnitten. Manche waren rund, die meisten aber eckig. Opa hatte sie auf Leisten gestapelt, eins wie das andere, damit das Holz richtig durchtrocknen konnte.
Ich nahm ein Schnitzmesser aus dem Schrank und prüfte seine Schärfe auf dem Daumennagel. Es war glasscharf. Das konnte gar nicht anders sein. Niemals hatte Opa stumpfes Werkzeug weggehängt. Auch die Schnitzbeitel, die mit ihren braunen Holzgriffen wie Stemmeisen aussehen, waren scharf.
Was ich wollte, das wusste ich. Eine Taube wollte ich schnitzen, eine Pfauentaube mit einem gefächerten Schwanz. Das hatte ich im Sommer nie geschafft. Immer war das gespaltene Holz abgebrochen und Opa wollte mir nicht sagen, wie ich so einen Taubenschwanz richtig zu einem Fächer ausbreiten konnte. Das gehörte auch zu seiner Sturheit.
»Geduld musst du haben, Jungche«, nuschelte er bloß. Ich sollte selbst darauf kommen. Dabei blieb er ganz ruhig. Nur einmal, als ich so einen verkorksten

Vogel wütend in die Ecke auf die Holzspäne feuerte, zuckte seine Hand hoch. Seine Augen waren klein und hart. Und ich war wütend.
Dumm war ich! Und ich habe mit dem Fuß aufgestampft wie ein kleiner Junge.
»Da ist doch ein Trick bei«, schrie ich. »Warum sagst mir den nicht?«
Opa schüttelte nur den Kopf und dann sah er mich noch mal an. Da blieben seine Augen nicht mehr hart. Das war vielleicht noch schlimmer. So mitleidig!
»Versuch es noch mal«, sagte er. Aber das wollte ich nicht mehr hören. Ich schämte mich schon und lief einfach raus, und dann war ich bei Harald und wir fuhren an den Rugensee zum Baden. Danach mochte ich kein Schnitzmesser mehr anfassen. Nur zum Flechten ging ich noch in die Werkstatt, und als Opa dann sagte: »Den Korb kannst du mitnehmen in deine Stadt«, war ich doch stolz.
Vielleicht habe ich auch so einen Sturkopf wie Opa und Vater?
Die Holzstücke im Regal schienen alle gleich. Ich nahm eins nach dem anderen in die Hand und schlug sie gegeneinander. Alle klangen hell und trocken. Ein weißes Fichtenrundholz gefiel mir am besten. Das spannte ich zwischen zwei Brettchen in der Hobelbank fest. Unter dem Schnitzmesser fiel ein Span nach dem anderen ab. Der Anfang war leicht. Langsam wuchs aus dem Rundholz die Form des Vogels, so wie

sie sein sollte. Eine schwebende Taube wollte ich schnitzen und ich kam gut voran. Ich war zufrieden mit meiner Arbeit. Aber ehe ich ganz fertig wurde, wollte ich erst noch die Flügel machen.
Ich fand zwei dünne Brettchen dafür und schnitzte sie aus. Am Flügelansatz ließ ich einen festen Splint stehen. Der konnte dann in das Loch geschoben werden, das ich in den Vogelkörper bohren wollte. Ich gab mir auch mit den Flügeln große Mühe. Sie sollten ja nicht wie Bretter aussehen. Ich dachte schon daran, wie sehr Mutter staunen würde. Vielleicht konnte sie sich sogar mit Omas Taube anfreunden. Jedenfalls gelangen mir die Flügel ziemlich gut und ich war zufrieden. Dann legte ich sie zur Seite, wendete den Vogelkörper in den Backen der Hobelbank, spannte ihn wieder fest und betrachtete ihn ganz genau. Ich ging in die Hocke und kniff ein Auge zu. Der Kopf war noch viel zu dick und zu groß. Da musste noch eine ganze Menge vom Holz herunter! Kalt war mir gar nicht ... Ich fühlte mich unheimlich gut und ich pfiff leise vor mich hin.
Und da, auf einmal, schallerte vom Nachbarhaus jäh ein lauter Blechton in die Werkstatt. In der Ruhe aus Schnee und Werkstatt klang er so laut und schmetternd, dass ich hochfuhr vor Schreck. Dann war es wieder ganz still. Ich hörte meinen Atem und ich sah seinen Hauch wie dünnen Rauch vor mir. Da merkte ich erst, wie kalt es in der Werkstatt war. Aber ich fror

nicht. Mit dem Schnitzmesser in der Hand stand ich da und spitzte die Ohren und ich kam mir richtig dumm vor. An meinen Füßen raschelten die Hobelspäne.
Komisch, dachte ich, was das wohl war? Gerade wollte ich das Messer wieder ansetzen und den Hals des Vogels weiterschnitzen, da kam eine ganze Melodie von nebenan. Sie war genauso laut und schallend wie der einzelne Ton vorher. Sie hörte sich gut an. Ein Weihnachtslied, das kannte ich. »Vom Himmel hoch, da komm ich her!« Und tatsächlich, die Töne kamen von oben, bis sie wieder schlagartig aussetzten. Erst dachte ich: Trompete. Aber Trompete war das wohl nicht, eher Posaune. Jedenfalls klang es mächtig laut von nebenan, und ich wunderte mich sehr, wer da wohl Posaune oder vielleicht auch Horn oder so was Ähnliches spielen konnte.
Ich legte das Schnitzmesser auf die Werkbank und ging auf den Hof. Jetzt wollte ich's wissen.
Die Wolken hingen tief. Sie sahen sehr nass aus und die Luft war feucht. Grauer Rauch kam über das Ziegeldach aus Omas Schornstein. Er schlug auf den Hof und ich sah ihm nach, am Schuppen vorüber, zum Nachbarhaus. Da stand die Bodenluke am Giebel offen, ein schwarzes Viereck im roten Mauerwerk. In dem dunklen Loch war ein kurzes goldenes Blitzen und im selben Augenblick kam von da oben schon wieder diese Melodie herunter. Diesmal wurde sie bis zu Ende gespielt. Schön war das, und ich musste an

Katrin denken, an die Schwester von Keule Meier. Die spielt solche Lieder auf der Blockflöte. Sie kann gut spielen. Aber da oben im Nachbarhaus, das war ja wohl kein Mädchen und Flöte auch nicht, und ich wunderte mich immer mehr. Im Nachbarhaus wohnte doch nur Pinkau!

Auf dem Hof rumzustehen und Rätsel zu raten war dumm. Ich ging ins Haus und diesmal machte ich die Tür zur Küche vorsichtig auf. Oma stand am Tisch. Sie rührte in einer Schüssel.

»Na«, sagte sie und hielt mir den Löffel entgegen, »willst mal schmecken?«

Oma brauchte nicht lange zu fragen. Kuchenteig, gelb von Eiern und süß! Ich leckte mir die Lippen.

»Du, sag mal, Oma«, fragte ich, »wer spielt denn da drüben?«

»Na, wer wird spielen? Pinkau! Er bläst doch in der Kapelle von der Feuerwehr. Posaune bläst er!«

Das war ja eine Antwort! Weihnachtslieder in der Feuerwehrkapelle!

»Nu, ja doch«, sagte Oma, »sie tun auch in der Kirche spielen am Heiligabend. Muss er doch üben! Macht er immer auf dem Boden da oben. Hört sich noch gut an, wie? Aber ist auch kalt, weißt, da muss er sich wärmen von innen!«

Oma goss den Kuchenteig aus der Schüssel in eine große Napfform, kratzte mit dem Löffel nach und schob mir die Schüssel über den Tisch.

»Am Abend, da spielt er dann nicht mehr so gut. Kannst auslecken, wenn du magst.«
Ich wischte den Teig mit dem Finger aus der Schüssel.
»Was machst du denn so lange da draußen?«, fragte Oma.
An der Wand hinter ihr saß die Taube auf dem Regal. Ihre Augen blickten rot und starr zu uns herunter. Mit einem Male wusste ich, woraus ich meinem Holzvogel Augen machen konnte.
»Klara, Klara«, lockte ich und die Taube drehte den Kopf. Sie kannte ihren Namen wohl. Oma lächelte.
»Hast du noch solche Stecknadeln mit roten Glasköppen?«, fragte ich.
»Wo brauchst du Stecknadeln für?«, fragte Oma verwundert.
»Verrate ich nicht, Oma. Nur zwei, Oma, nur zwei, dann wirst du schon sehen!«
»Ja«, sagte sie. »Nachher geb ich sie dir!«
Ich merkte, wie neugierig sie war. Sie wollte gleich mehr wissen. Aber dann wäre es ja keine Überraschung geworden. Ich zeigte lieber zum Fenster, nach draußen. »Bleibt der Schnee liegen, Oma?«
»Nu, ich weeiß nich«, gab sie zur Antwort. »Möcht sein, möcht aber auch nicht sein.«
»Muss doch, Oma! Weihnachten!«
Sie nickte und genau da fing Pinkau wieder mit seiner Posaune an. Jetzt blies er »O du fröhliche!«

Pinkau spielte dann die ganze Zeit, in der ich schnitzte. Die meisten Melodien kannte ich nicht, aber es klang richtig schön und ich merkte gar nicht, wie es darüber Mittag wurde und dass Mutter schon längst vom Konsum aus Proseken zurück war. Als sie zum Essen rief, da hatte ich den Körper des Vogels fertig. Er sah gut aus. Das Schwierigste jedoch, das hatte ich noch nicht geschafft, und wenn es schief ging, war alles umsonst. Ich musste noch den Schwanz aufspalten und dann die einzelnen Holzblättchen zu einem Fächer ausbreiten.
Wozu hast du deinen Kopf, hatte Opa gesagt!
Pinkau blies seine Posaune und ich stand da und dachte nach. Das Holz war trocken und spröde. Spröde und trocken! Zu trocken vielleicht, dachte ich und hatte das Gefühl, schon ganz dicht dran zu sein. Noch nicht genau, aber so eine Ahnung war schon da. Und gerade, als ich dieser Ahnung weiter nachbohren wollte, rief Mutter zum zweiten Mal, schon ein bisschen lauter. Ich wäre viel lieber in der Werkstatt geblieben, aber als ich dann die Küchentür öffnete und über dem Herd den Dampf aus dem Kochtopf kommen sah, da wusste ich mit einem Schlag, was ich machen musste. Ganz genau wusste ich das. Darauf hätte ich viel eher kommen müssen! Opa hatte Weidenruten mit kochendem Wasser für seine Körbe weich gemacht, wenn sie zu hart und zu trocken waren.

Mutter saß schon am Tisch. »Na«, sagte sie, »ist es nicht zu kalt für dich? Erkälte dich nur nicht in der Werkstatt! Warum baust du keinen Schneemann?«

»Ach nee«, sagte ich, »viel zu nass der Schnee!« Ich schob mir vorsichtig einen Stuhl vom Tisch, um Klara nicht zu erschrecken. Sie reckte misstrauisch ihren Hals. Langsam setzte ich mich hin.

Vom Herd roch es sehr gut. Ich war gespannt, was Oma gekocht hatte.

»Grünkohl«, sagte Oma, »heute muss Grünkohl sein, am Heiligabend. Mit Lungwurst, weißt, gebt mal eure Teller!«

Mutter griff nach den Tellern und stand auf. Sie kam zu schnell hoch und der Taube zu nahe.

Klara flatterte vor Schreck los. Ihre Flügel schlugen wild und Mutter scheuchte die Taube mit der Hand von sich. Die Flügel trafen die Lampe und Klara landete auf dem Tisch. Der Salznapf kippte um, das Geschirr schepperte und klirrte. Dann schoss die Taube zum Fenster und verschwand durch das Wolltuch im Kasten nach draußen.

Mutter griff nach dem Salznapf. »Das ist ja zum Auswachsen! Nun sieh dir diese Schweinerei an! Also, das geht wirklich nicht, Oma. Die Taube muss weg!«

»Mädchen, Mädchen!« Oma stand vor dem Herd, in einer Hand die Schöpfkelle, in der anderen den Topf-

deckel. »Musst dich nicht so haben! Kannst nicht aushalten, die paar Tage?«
Omas Stimme zitterte ein bisschen. Aber Mutter wollte nicht zuhören.
»Nein«, sagte sie, »nein!«
Der Deckel und die Kelle in Omas Händen ruckten in die Höhe.
»Musst nich so hastig sein, weiter nuscht nich!«
»Du kannst doch nicht wie im Stall leben«, sagte Mutter scharf. »Das ist eklig! Dreckig und gefährlich!«
»Tu nicht übertreiben«, sagte Oma leise. »Meine Klara ist das! Da musst mir nicht reinreden!«
Dann aßen wir und ich schielte zu Mutter hinüber. Sie sagte nichts mehr. Ich merkte, wie scharf sie nachdachte. Sie hatte diese beiden Falten über der Nase und da ist es besser, nichts zu fragen. Und Oma schwieg auch. Ich hätte ihr gern beigestanden.

Wenn wir jetzt allein im Zug wären, könnte ich mich neben Mutter setzen. Ich würde mit ihr zum Fenster raussehen und ihr mal über den Arm streichen und dann könnte ich sie auch fragen. Wie es wirklich war mit Klara. Wie es passiert ist. Jetzt könnte ich das.
Mutter sitzt auf der anderen Seite und neben ihr dieser alte Mann mit den weißen Haaren und seine Frau. Mutter schläft noch immer. Ihr Mund ist ein bisschen offen. Ich merke, wie der Kerl mit den langen Haaren sie anstarrt. Die Flasche in seinen Händen schaukelt

zwischen den Knien. Mehr als die Hälfte vom Schnaps ist schon weg.
»Los, komm«, sagt sein Kumpel, »wir gehn raus und rauchen! Hier darf man nicht.«
Der Langhaarige stemmt sich nach ihm hoch und stellt die Flasche auf seinen Platz. Er schaukelt, dann tappt er einen Schritt auf die Tür zu und der alte Mann fährt mit einem Ruck hoch ... »Auuuau«, macht er und sackt wieder zurück. »Genn Se nich uffpassen«, keucht er.
Der Langhaarige greift nach der Gepäckablage. Da hält er sich fest und schiebt sich weiter.
»Zieh doch deine Hessen ein, Alter.« Seine Stimme ist laut und böse.
Der Mann wird rot im Gesicht. »Flegel!«
»Albert!« Die Frau greift nach seinem Arm, aber er schüttelt ihre Hand ab.
Mutter ist aufgewacht. Sie sieht, was los ist.
Der Langhaarige steht schon an der Tür. Da dreht er sich um und grinst. »Ami go home«, sagt er, »und nimm die Sachsen mit!« Dann zieht er die Tür hinter sich zu, dass es knallt.
Der alte Mann macht den Mund auf und wieder zu, als hätte er zu wenig Luft. Seine Hände zucken. Er will aufstehen, aber die Frau hält ihn fest.
»Das werd'sch mir nich gefallen lassen«, stößt er aus.
Der Mann, der in der Ecke seine Kreuzworträtsel löst,

tut so, als wäre gar nichts passiert. Das Mädchen strickt nicht mehr und über Mutters Nasenwurzel stehen die beiden Falten steil in der Stirn. Sie hat gehört, was der Lange gesagt hat.
Der alte Mann sieht sie an. »Uff'n Fuß hat'r mir gelatscht, der Bengel! Nu, der kimmt mer zuricke!«
Was willst du denn machen, Alterchen, denk ich. Du kannst dich gar nicht wehren dagegen!
»Der Mann wird sich bei Ihnen entschuldigen!« Das sagt Mutter und sie streckt den Arm zu mir aus. »Gib mir doch mal die Flasche neben dir!«
Ich begreife nicht gleich, was sie will.
»Die Flasche«, fordert sie und da nehme ich die Flasche mit dem Schnaps vom Sitz und reiche sie zu ihr hinüber.
Mutter steckt die Flasche unter ihren Mantel.
»Nun wollen wir doch mal sehen«, sagt sie zu dem alten Mann, als wäre gar nichts gewesen, und dann sieht sie zum Fenster hinaus. Aber da ist nichts zu sehen, denn es wird schon ganz dämmrig draußen.
Mit einem Male knackt es über uns und das Licht geht an.
Die Frau beugt sich an ihrem Mann vorbei und zu Mutter hinüber. »Mir möchten aber keinen Streit nich, junge Frau«, sagt sie leise.
Mutter wendet sich rasch um. »Nein«, sagt sie, »bleiben Sie ganz ruhig! Aber ich sehe nicht ein, dass man Sie belästigen und diffamieren darf!«

Mutter, Mutter! Ich sehe sie an und sage nichts. Was willst du machen? Das kann nur wieder Krach geben! Ich habe richtig Angst. Dieser Langhaarige, der kann bestimmt ganz eklig sein. Aber du willst immer gleich wissen, was richtig ist, egal, was dann dabei rauskommt!

Das Mädchen mit dem Pullover macht auch ein ängstliches Gesicht und die beiden Alten sehen ziemlich unglücklich aus.

Die Räder wummern auf den Schienen und die Luft heult am Zug vorüber. Auf dem Gang ist es voll. Ich kann nicht sehen, wo die beiden Schnapstrinker geblieben sind.

Vielleicht war Mutter am Jammerfeld auch so schnell. Hat einfach zugepackt und so ist es dann passiert? Ich weiß es nicht und jetzt möchte ich gern wissen, was sie eigentlich vorhat.

Als wir in Omas Küche saßen und Grünkohl aßen, wusste ich auch nicht, was Mutter wollte. Vielleicht hatte sie gar keinen Plan.

Der Grünkohl schmeckte prima. »Echt Spitze«, sagte ich. »Oma, wenn du bei uns wärst, ich meine, in Berlin, dann solltest du jede Woche Grünkohl kochen!«

Das konnte ich sagen. Mutter saß ja daneben. Ich dachte mir, es wäre eine gute Gelegenheit, mal vorzufühlen. Und Mutters Gesicht wurde wieder ganz freundlich. Die Falten verschwanden. Sie nickte sogar.

»Nu, ich weeiß nicht, Jungche.« Oma schüttelte den Kopf.

»Was ihr euch ausgedacht habt! Glaub mir, das möcht dir gar nicht jefallen!«

»Aber immer, Oma!« Das sagte ich und so meinte ich das auch.

Oma nahm gerade Puddingschüsseln aus dem Schrank und dann füllte sie gelben Pudding ein. Der war auch Spitze, Vanillepudding mit Birnen drin. Und mit ein bisschen Zimt.

»Möcht besser sein, wenn ich hier bleibe, Hannes. Musst du schon merken, dass ein alter Gaul nicht in den neuen Stall passen tut!«

Ich wollte aber nicht nachgeben. »So guten Pudding kannst du nur, Oma!«

»Nu, dann kommst her«, sagte Oma. »Pudding kannst hier essen und Kuchen auch. Und du ekelst dich nicht, oder?«

Ehe ich antworten konnte, sagte Mutter: »Das müssen wir jetzt nicht klären!«

»Tauben haben wir auch in Berlin«, sagte ich schnell und dafür fing ich einen bösen Blick von Mutter ein.

»Ihr müsst ein bisschen an mich denken«, meinte Oma. »Pudding, nu, der ist leicht gekocht, aber wenn man beisammen hocken tut, so in einer Wohnung,

nu, das ist ganz was anderes. Das tu dir mal überlegen, Hannes.«
»Meinst du, wir haben nicht überlegt, Oma?« Jetzt sprach Mutter schon viel sanfter. »Eben weil wir an dich denken. Es wird zunehmend schwieriger hier für dich!« Sie schüttelte den Kopf. »Da freust du dich über deinen Wasserhahn in der Küche und das ist ja auch schon ganz schön, aber wenn es dich drückt, musst du nach draußen! Und für deine armen, alten Knochen ist eine Badewanne auch nicht das Verkehrteste. Na, schön, wenn es gar nicht mehr geht hier, wirst du noch immer einen Platz in einem Heim finden. Aber ich denke, dass du es bei uns, bei deinem Sohn besser haben wirst. Zeit wird es doch, dass ihr wieder ...«
»Nu, lass man«, sagte Oma, »das soll alles bedacht sein. Ist so lang ja auch gegangen. Nichts übers Knie brechen, weißt!«
Mutter zog nur die Schultern hoch.
»Ich tu mich dann ein bisschen hinlegen«, sagte Oma. »Stündchen nur. Kann ich nachher besser laufen.«
»Willst du tatsächlich zur Kirche?«, fragte Mutter.
»Nu, jewiss doch!«
Mutter sah mich an und ich spürte ihre Abwehr.
»Ich möchte nicht mitgehen«, sagte sie. »Ich könnte inzwischen das Abendessen machen und den Baum aufputzen.«
Oma legte den Kopf schief auf die Schulter. »Nu,

siehst, das möcht schon zu viel sein. Jeder will seins. Aber tu dich nicht sorgen, ich komm allein hin!«
Das fand ich gar nicht gut. Ich sah an Mutter vorbei und sagte: »Ich gehe mit, Oma!«
Mutter schüttelte ihren Kopf erst, als Oma in der Kammer war.
»Das war nicht gut, Hannes! Musst du ihren Starrsinn unterstützen?« Sie stellte die Teller so heftig in die Abwaschschüssel, dass sie schepperten.
Ich antwortete nicht. Einer so stur wie der andere, dachte ich, als ich den Küchenschrank öffnete. Ich wusste, die Kochtöpfe standen unten im Schrank.
»Was suchst du denn?«, fragte Mutter. Da hatte ich den richtigen Topf schon gefunden und nahm den Kessel vom Herd, in dem das kochende Wasser summte.
»Frag mal nichts«, sagte ich. »Geheimnis zu Weihnachten! Ich brauche heißes Wasser in der Werkstatt.«
Nun hätte ich schon rausgehen können, aber ich stand noch immer mit dem dampfenden Topf neben dem Tisch.
»Ist was?«, fragte Mutter.
»Ja«, sagte ich, »du bist zu tickig mit Oma! So kommt sie nie zu uns. Und wenn sie ihre Taube in der Küche halten will, dann lass sie doch. Du bist richtig böse zu ihr!«
Mutter sah mich unwillig an.

»Was redest du bloß! Wieso bin ich böse mit ihr? Verstehst du nicht, wie gut es gemeint ist? Ich will ja keine Dankbarkeit erwarten, aber Oma sollte zumindest ernst nehmen, dass wir uns Sorgen um sie machen! Vater will auch, dass sie aus dieser Kate hier herauskommt, und du kannst es doch auch schon begreifen, dass sie sich von dieser Taube wird trennen müssen.«
Was sollte ich noch sagen? Ich nahm meinen Topf und ging wieder zur Werkstatt. Draußen war es richtig schön geworden. Windstill und prima Luft über dem Schnee. Pinkau hatte aufgehört mit seiner Posaune zu blasen. Die Luke unter dem Dach am Giebel war wieder geschlossen.
Ich setzte den Wassertopf auf die Hobelbank. In der Kälte stieg dicker Dampf vom Wasser hoch. Er zog wie eine kleine Wolke durch die Werkstatt und ich stellte meinen geschnitzten Vogel an den Topfrand ins heiße Wasser. Seine Brust und sein Kopf blieben trocken dabei. Nur der aufgespaltene Schwanz sollte das heiße Wasser aufsaugen. Bläschen trieben hoch und ich starrte auf das Holz und bildete mir ein, dass es langsam weich werden und quellen würde.
Mir fiel auch wieder ein, wie entsetzt Mutter gewesen war, als sie damals von der Beerdigung kam. Sie wusste ja gar nicht, wie es auf dem Land so sein kann. Dass es noch Häuser ohne Wasserleitung gab und dass man am Jammerfeld zum Klo über den Hof musste. Wahrscheinlich dachte sie, dass Oma nur darauf gewartet

hatte, in die Stadt zu kommen. Platz haben wir ja genug in der großen Wohnung. Altbau ist Altbau, sagt Vater immer. Aber so konnte Oma doch nicht denken! Sie lebte schon vierzig Jahre lang am Jammerfeld, und wenn sie zehnmal noch von Masuren erzählt. Mutter fand das ziemlich schlimm, wie Oma wohnt, und im Sommer gab es ja noch nicht mal die Wasserleitung! Ich würde auch nicht so wohnen wollen, jedenfalls nicht immer. Im Sommer, in den Ferien, na klar, das ist ganz was anderes. Möchte ich immer wieder hin. Und Oma, die möchte genau nicht weg. Das ist der Unterschied. Aber Mutter konnte das nicht kapieren.
Ich sah, wie die Blasen vom Holz aufstiegen, und zog den Vogelkörper wieder aus dem Wasser. Die Schwanzblättchen ließen sich jedoch noch immer nicht zur Seite biegen. Das Holz war nicht genug aufgeweicht. Es musste viel länger im heißen Wasser bleiben. Da half nun mal nichts, ich musste warten. Geduld haben, wie Opa immer gesagt hatte.
Am Fenster wischte ich die Spinnweben weg und den Staub von der Scheibe. Aber draußen blieb alles grau. Nur die Wolken hingen nicht mehr ganz so tief und die Schneeflocken, die noch vereinzelt vorübertrieben, waren kleiner geworden. Es sah ganz so aus, als würde es kälter werden. Der Schnee konnte vielleicht liegen bleiben.
Wie lange ich so am Fenster stand und in den Himmel starrte und an die Skier dachte, die ich mir zu Weih-

nachten wünschte, weiß ich nicht. Ich weiß nur, wie in der Stille dann die Tür knarrte. Das war die Tür vom Windfang vor dem Haus und meine Augen rutschten wie von selber vom Himmel zu dem Geräusch auf dem Hof nach unten.
Mutter kam aus der Tür. Ihr rechter Arm hing herab und an ihrer Hand baumelte die Taube. Sie schaukelte da wie ein grauer Lappen, mit schlapp geöffneten Flügeln.
Ich sah es ganz deutlich: Klara war tot. Das waren nur ein paar Augenblicke während der paar Schritte, die Mutter zum Zaun machte, bis zu der Tür zu Pinkaus Hof hinüber. Ich fühlte mich steif vor Schreck. Dann fingen meine Knie an zu zittern. Das durfte nicht wahr sein!
Die Schuppentür knarrte nicht. Dann tastete ich mich vorsichtig durch den Schnee. Von Pinkaus Haus her hörte ich ein Klopfen. Mutter stand dort vor der Tür. Sie trat von einem Fuß auf den anderen. Dann ging sie zum Küchenfenster und klopfte gegen die Scheibe. Das war in der stillen Schneeluft deutlich zu hören. Sie pochte heftig gegen das Glas.
Plötzlich wurde die Haustür aufgestoßen. Pinkau hielt sich mit einem Arm am Türsturz fest und schob sich vor. Sein gestreiftes Hemd über der blauen Arbeitshose stand offen, er hatte die Ärmel hochgekrempelt und sein Gesicht war rot, als ob er aus der Hitze käme.

»He, was machste für 'n Krach, junge Frau?« Seine Stimme kippelte ein bisschen und war laut und schleppend.
Mutter ging auf ihn zu und streckte den Arm aus. Da hing die Taube.
Pinkau ruckte sein rotes Gesicht noch weiter vor. Er schüttelte den Kopf. Er begriff wohl nicht gleich. »Was soll 'n das?«, fragte er.
Warum geht sie zu Pinkau, dachte ich.
»Mir ist ein Unglück passiert«, sagte Mutter, »ein Unfall! Ich suche einen sicheren Platz, wo ich den Vogel lassen kann!«
Pinkau begriff so wenig wie ich, was Mutter wollte.
»Ein Unglück«, sagte sie noch einmal.
Pinkau schaukelte ein bisschen. Dann schob er sich noch mehr aus der Tür heraus, als könnte er nicht richtig sehen, was Mutter ihm da entgegenhielt. Er gab sich einen Ruck und ließ den Arm, mit dem er sich am Türrahmen stützte, plötzlich absacken.
»Du musst doch was am Kopp haben«, schrie er los. Er riss beide Hände mit gespreizten Fingern hoch. »Das ist doch Klara, Omas Klara! Hau ab, sage ich dir, hau bloß ab! Verschwinde!«
Seine Stimme war sehr laut und ich hatte Angst, weil er Mutter so anschrie.
Aber Mutter drehte sich einfach um. Sie blieb noch einen Moment stehen, sah suchend umher und dann ging sie ganz schnell durch Pinkaus Vorgarten, quer

durch den Schnee, der noch nicht weggefegt war, zur Straße und bis zum Nussbaum am Eckhaus von Garbers. Da stand der Müllcontainer. Ich sah, wie sie den Deckel nach hinten schob. Sie beugte sich vor, zog den Deckel wieder zurück, und als sie sich umwandte, war ihre Hand leer.

In Pinkaus Haus knallte die Tür zu. Mutter ging auf der Straße zurück. Sie würde gleich von vorn auf Omas Hof kommen. Aber ich wollte sie nicht sehen!

Das war kein Unfall! Das war einfach gemein! Ganz gemein!

Als Mutter vorbeikam, stand ich schon wieder in der Werkstatt. Das Wasser im Topf dampfte kaum noch. Mir saß ein fetter Kloß im Hals. Ganz elend fühlte ich mich. So durfte Mutter nicht sein! Oma, dachte ich, arme Oma! Auf einmal war alles ganz anders. Und das tat weh! Nichts mit Liebe und Weihnachten. Mutter hatte Omas Taube totgemacht.

Ich zog den Holzvogel aus dem Wasser. Genauso, am Kopf, hatte Klara zwischen den Fingern von Mutters Hand gehangen. Das Holz war warm, wie lebendig. Ich tastete über den Rücken des Holzvogels, fühlte die Blättchen des aufgespaltenen Schwanzstummels und merkte, wie sie dem Druck meiner Finger nachgaben. Ich sah Klara deutlich, wie sie auf dem Regal gesessen und mit ihren roten Augen auf uns heruntergepliert hatte. Und wie von selbst ließ sich der

Schwanz des Holzvogels auffächern. Es kam wie von allein. Ich konnte die Holzblättchen sogar nach oben biegen, schön ausgebreitet, wie bei einem Pfautauber, der sein Rad schlägt.

Das war beinahe unheimlich – ich hatte es geschafft! Ich konnte es kaum glauben und drehte den Vogel hin und her. Er war wirklich gut geworden! Ich brauchte nur noch die Flügel anzupassen und festzuleimen. Das war ein Vogel, den es in Wirklichkeit nicht gab und niemals geben konnte. So eine Taube könnte nicht mal einen Meter weit fliegen. Aber diesen Vogel hatte ich gemacht, ganz allein, und den gab es nur einmal auf der Welt!

An der Tür knipste ich den Lichtschalter an. Im hellen Licht konnte ich meine Holztaube noch besser sehen. Sie sollte mein Geschenk für Mutter sein. Aber das war nicht mehr möglich. Das konnte ich nicht. Für Oma, für Oma wäre sie richtig. Doch das ging auch nicht. Was hätte sie denn denken sollen? Klara war weg und konnte nie wiederkommen. Und dann eine Holztaube? Als ob ich Oma trösten wollte! Und ich hätte Oma gern trösten mögen. Ich war wütend und traurig zugleich und wusste nicht, was nun weiter werden sollte.

Ich nahm die Leimdose aus dem Regal. Die Taube sollte jedenfalls fertig werden. Die Flügel passten genau. Nur die Augen fehlten noch. Aber ich traute mich nicht ins Haus, um von Oma die Stecknadeln

mit den roten Köpfen zu holen. Ich konnte doch nicht so tun, als wäre gar nichts passiert! Aber ich konnte auch nicht sagen: Du, Oma, deine Klara siehst du nicht wieder, sei mal nicht traurig! Ich hätte sagen müssen: Mutter hat deine Taube abgemurkst!
Warum hat sie das bloß gemacht?, dachte ich.
Meine Taube war grau. Das helle Holz hatte dunkle Flecke von meinen Fingern bekommen. Die mussten weg. Ich suchte mir feines Schmirgelpapier und mein Vogel wurde dann sauber und wieder ganz hell, fast weiß. In einer der vielen Blechschachteln in Opas Regal fand ich auch noch eine Rolle mit Angelsehne. Davon schnitt ich ein Stück ab, machte eine Schlaufe und schlang sie um die Flügelansätze. Nun konnte die Taube mit ausgebreiteten Flügeln schweben. Ich ließ sie im Licht unter der Lampe an dem Faden kreisen. Das sah gut aus, mit dem gefächerten Pfauenschwanz.
Plötzlich hörte ich den Schnee knurpsen. Da kamen Schritte vom Haus. Ich packte die Taube und legte sie hinter mir auf die Hobelbank. Undeutlich sah ich Mutter draußen, dann ging die Tür auf.
»Wenn du wirklich mit Oma zur Kirche willst, musst du dich jetzt fertig machen«, sagte Mutter.
Ich schob die Taube noch weiter zurück, bis sie hinter dem Nagelkasten verschwand.
»Das ist gemein von dir«, sagte ich. »Warum hast du das gemacht?«

Mutter blieb in der Tür stehen. Ihre Augen wurden kleiner. Kann sein, weil sie gegen die helle Lampe blicken musste. Aber mir war so, als ob sie sehr erschrak.

»Woher weißt du denn ...« Sie sah mich unsicher an. »Du glaubst doch nicht etwa, dass ich absichtlich ...« Sie stockte. »Du, das wollte ich doch gar nicht! Hannes!«

Sie kam auf mich zu und fasste mit beiden Händen nach meinen Schultern. Ganz dicht stand sie vor mir und sah mich an. Aber ich wollte sie nicht ansehen! Ich drehte den Kopf zur Seite.

Mutter schüttelte mich. »Tu mir den einzigen Gefallen, ich bitte dich sehr, versprich es mir, Hannes! Sag Oma nichts! Hörst du!«

Ich machte mich steif unter ihren Händen. Ich wollte nichts hören! Das war alles ganz klar. Zufall oder Unglück – von wegen!

Mutters Stimme war leise und auch bohrend. »Du darfst Oma nichts sagen. Hannes, es ist doch Weihnachten! Die Taube ist weggeflogen, vorhin, als es noch hell war, verstehst du! Vielleicht ist der Habicht gekommen oder so was Ähnliches. Hier gibt es doch Raubvögel! Bestimmt gibt es die.«

Auch noch lügen, dachte ich und schob mich unter ihren Händen zur Seite weg.

»Junge, sei nicht so dickköpfig!« Mutter griff noch einmal nach mir und hielt mich fest. »Ich habe es wirklich nicht gewollt, das musst du mir glauben. Ich habe das Vieh nur gepackt, weil es wieder auf den Tisch geflogen ist. Tut mir Leid für Oma. Aber das ist jetzt nicht mehr zu ändern. Ist vielleicht die beste Lösung, obwohl ich's so wirklich nicht gewollt habe. Verstehst du das nicht?«

Nein, ich wollte diese schlappen Erklärungen nicht hören. Und wenn Mutter zehnmal Recht hatte und wenn es wirklich nicht mit Absicht passierte. Für Oma war das ganz egal. Klara war tot!

»Du darfst es nicht sagen«, forderte Mutter. Sie wusste, was die Taube für Oma bedeutete, und ich wusste es noch besser.

»Du weißt immer, was richtig ist«, sagte ich nur.

»Es tut mir wirklich Leid, Hannes.« Mutters Stimme klang so, dass ich ihr fast schon glauben wollte. Mutter ist immer ehrlich. Sie hasst Lügen. Aber dann sagte sie noch: »Nun ist wenigstens Schluss mit diesem Taubendreck!«

Genau das hätte nicht kommen dürfen! Da konnte ich ihr doch nicht glauben.

»Ich sage nichts«, gab ich zur Antwort. »Oma soll nicht wissen, was du gemacht hast. Das würde Oma nämlich krank machen. Das wäre viel schlimmer als Taubendreck!«

»Wie redest du denn?« Mutter ließ mich los.

Ich sagte nichts mehr, zog den Kopf ein und schob mich an ihr vorbei nach draußen. Ich merkte, dass es kälter geworden war. Hinter der Häuserreihe rissen die Wolken auf. Da stand ein kleiner, blasser Mond am Himmel.

Jetzt ist kein Mond zu sehen. Ich habe die Scheibe abgewischt und starre aus dem Zug. Ganz weit weg fahren Lichter durch die Dunkelheit. An einer Schranke warten Autos. Sie huschen blitzschnell an uns vorüber. Noch eine gute Stunde und wir sind zu Hause. Vielleicht tue ich Mutter Unrecht. Sie will doch nur, dass Oma es gut haben soll. Aber Oma hat auch ihren eigenen Kopp und ich kann mir schon vorstellen, dass sie sich ihren Teil denkt. Gesagt hat sie nichts und von Pinkau weiß sie auch noch nichts. Klara ist weggeflogen und nicht wiedergekommen. Mehr nicht. Wie es wirklich war, das weiß nur Mutter, und ich soll an einen Unfall glauben. Ich möchte es sogar glauben, aber ich sehe noch immer, wie die Taube in ihrer Hand baumelte.

»Hannes, hast du Hunger?«

Ich zucke zusammen. Mutter hat auf mein Knie geklopft. Sie sieht mich an. »Oma hat uns Kuchen mitgegeben.«

Die alte Frau gegenüber lächelt.

»Ja«, sage ich und Mutter steht auf. Sie will die Tasche von oben herunterholen.

Da wird die Tür aufgerissen und der alte Mann gibt sich einen Ruck. In der Tür steht der Langhaarige.

Das Mädchen und der Mann mit dem Rätselheft ziehen ihre Beine ein. Nun ist er schon im Abteil und sein Kumpel schiebt sich hinter ihm her.
Der Langhaarige starrt auf seinen Platz, dann auf mich. Er hat mächtig verschwiemelte gelbe Augen. Aber er sieht mich nur einen Augenblick lang an. Dann dreht er sich ziemlich schnell um.
»Wo ist meine Flasche, Alter?«
Ehe der alte Mann antworten kann, sagt Mutter: »Sie werden sich erst einmal entschuldigen für Ihr Benehmen! Dann gebe ich Ihnen Ihre Flasche zurück.« Das sagt sie ganz langsam, aber so laut, dass alle es hören können. Als wäre das gar nichts. Sie ist klein gegen den Mann. Der steht neben ihr und schwankt in dem schaukelnden Wagen. Sein Kinn sackt nach unten und der Mund steht offen. Sein Kumpel hinter ihm lacht meckernd los.
Der Langhaarige hebt ruckartig die Hand und ich habe plötzlich Angst. Sein Gesicht ist wütend, aber er tickt sich nur vor die Stirn.
»Ihnen ist wohl was zu enge«, knurrt er. »Sie spinnen wohl? Unsere Flasche her, aber bisschen schnell!«
Mutter zieht die Tasche aus der Gepäckablage. Dann setzt sie sich hin, als wäre nichts. Sie zeigt zum Fenster hinaus. Da kommen immer mehr Lichter vorbei und der Zug bremst.
»Gleich halten wir«, sagt Mutter, »da können Sie Bekanntschaft mit der Transportpolizei machen!«

»Blöde Kuh«, zischt der Lange. Er streckt beide Hände aus, greift nach seiner Tasche und reißt sie aus dem Gepäck über mir herunter. Er schnappt seine Kutte vom Haken und die von seinem Kumpel auch. Den schiebt er zur Tür zurück, auf den Gang hinaus und dann knallt er die Tür hinter sich zu. Der Zug hält schon.

Mir ist noch ganz heiß und ich muss Mutter ansehen. Ich fühle meine Angst wie einen Knoten im Magen.

»Na, junge Frau, da haben Sie aber Glück gehabt«, sagt der Mann in der Ecke. Er hat sein Rätselheft weggelegt.

Mutter wendet den Kopf zu ihm. Sie hat ihre steilen Falten in der Stirn.

»Wieso Glück?«, fragt sie. »Ich nehme doch an, Sie hätten mir beigestanden? Oder sehe ich das falsch? Es muss doch noch etwas Anstand geben! Oder?«

Der Mann sagt nichts. Nur die alte Frau dreht sich zu Mutter hin.

»Das is nett gewesen von Ihnen«, sagt sie, »das hätt sich nicht ei jeder getraut! Dem haben Se aber richtig Angst gemacht! Nich wahr, Albert!« Sie klopft ihrem Mann auf die Hand und der alte Mann nickt.

Von draußen wird heftig ans Fenster geschlagen. Da steht der Langhaarige. Er zieht eine Fratze und zeigt uns einen Vogel.

»Viel Lärm um nichts«, sagt der Mann mit dem Rätselheft. »Die beiden mussten ohnehin aussteigen!«

Du Feigling, denke ich. Erst kriegst du keinen Mucks raus und dann redest du auch noch Quatsch. Aber ich habe ja auch nichts gesagt. Alle waren still. Keiner hat sich gewehrt gegen den Langhaarigen. Nur Mutter!

Du bist gut, möchte ich sagen. Du bist Klasse! Aber ich sage: »Wir wollen doch Kuchen essen!« Ich rücke auf den Platz, wo die Schnapsflasche stand.

Mutter setzt sich neben mich und packt den Kuchen aus der Tasche.

Die alte Frau sieht uns zu, wie wir essen. »Schmeckt's denn?«, fragt sie und ich nicke.

»Hatt'n deine Mutti gebacken, den Kuchen?«, will sie noch wissen.

»Nee«, sage ich und schlucke, »meine Oma!«

»Nu, freilisch! Hab'sch mir doch gedacht! Die Oma, haschte gehört, Albert? Ich sag's ja, die Omas!«

Sie ist bestimmt auch eine Oma. Ich sehe Mutter an, sie kaut und sie nickt und sie zwinkert ein bisschen mit den Augen.

»Das war stark«, sage ich. Mehr ist nicht nötig.

»War was?«, fragt Mutter.

»Ja«, sage ich, »'ne Menge!«

Nun zwinkert Mutter nicht mehr. Ihre Augen sind wieder ernst. Manchmal denke ich, sie kann Gedanken raten. Ich habe an Oma gedacht. Die ganze Zeit schon. »War wohl ein bisschen viel in den beiden Tagen«, sagt sie und sie fährt mir mit der Hand übers

Haar. Das passiert selten bei uns und mir geht das richtig durch. Sie stellt ihre Tasche wieder nach oben. Dann setzt sie sich auf ihren alten Platz zurück. Zu Hause werden wir richtig reden. Das weiß ich.

Hinter dem Fenster ist jetzt schon öfter Licht zu sehen und für eine Weile fährt neben unserem Zug eine S-Bahn her. Oma will bestimmt lieber über die Modderwege nach Proseken laufen als mit der S-Bahn fahren. Und wenn sie es noch so bequem hätte bei uns! Ich glaube, Oma würde gar nicht zurechtkommen in Berlin. In Mecklenburg, da weiß sie, wo es langgeht.

Ich habe nur gestaunt, wie sie sich sogar im Dunkeln zurechtfindet.

Als wir zur Kirche gingen, erschien mir alles stockfinster. Als kämen wir aus dem Hoflicht hinterm Haus in einen schwarzen Sack. Aber nach und nach wurde die Dunkelheit heller. Das machten der Schnee auf den Feldern und der Mond, wenn er blass aus den Wolken kam. Er lief vor uns nach Proseken her und ich versuchte immer wieder herauszufinden, woran mich diese dünne Scheibe zwischen den Wolken erinnerte. Aber es wollte und wollte mir nicht einfallen. Ich stolperte über die tiefen Fahrrinnen.

»Tu vor die Füße kucken«, mahnte Oma und zog mich am Ärmel dichter an sich heran.

»Du hast Augen wie ’ne Eule«, sagte ich, »du kannst sogar nachts sehen!«
Oma gickerte leise vor sich hin. Das gefiel ihr wohl. Mit ihrer runden Brille sah sie tatsächlich ein bisschen wie eine schwarze Eule aus, ehe der Mond wieder hinter einer Wolke wegtauchte. Die zog über den dunklen Himmel wie ein Streifen aus Watte. Sie wischte die Sterne aus, die in dem Schwarz über uns kalt und bläulich glitzerten.
»Mach, Jungche, mach«, drängte Oma. Sie konnte erstaunlich rasch in dieser ungewissen Dämmerung über den quietschenden Schnee gehen. Ich musste immer wieder auf jeden Weidenbaum starren, der schwer und massig vor uns auftauchte.
Die Kopfweiden am Feldrand waren dunkle Ungeheuer. Da hatte Opa immer seine Ruten für die Körbe geschnitten.
Allein wäre ich diesen Weg nicht gegangen. Jedenfalls nicht gern. Mit Opa wäre das anders gewesen. Der hatte vor nichts Angst und vor niemandem. Und Oma wohl auch nicht. Die lief klein und krumm neben mir, wie ein Perlhuhn mit Trippelbeinen, und ich hätte schon gern gewusst, was sie sich so dachte auf diesem Weg.
Sie hatte kein Wort gesagt, als Klara nicht in der Küche saß.
Nach einer ganzen Weile sahen wir die ersten Lichter von Groß Proseken. Viel deutlicher aber waren die

Lichtkegel der Autos, die in längeren und dann immer kürzeren Abständen über den Sandberg bei Robitz die Straße herunterkamen. Sie tasteten wie lange Finger über die Felder und sie waren über dem Schnee so hell, dass die Lichter von den Häusern kaum noch zu sehen waren. Ich staunte, wie viele Autos um diese Zeit fuhren. Als wir vom Holperweg auf die feste Straße einbogen, auf der man viel besser laufen konnte, kam auch bei uns ein Auto vorbei. Wir mussten zur Seite und der nasse Schnee spritzte unter den Rädern.

»Wo wollen die alle hin?«, fragte ich.

»Nu, zur Kirche doch«, sagte Oma. »Ich meine, wir sind schon bisschen spät dran!« Sie blieb stehen.

»Tu mal horchen!« Sie hob leise die Hand.

Da hörte ich die Glocken, erst leise und dann, als das Auto weiter weg war, auch lauter, und das klang sehr schön. So, als käme das Läuten über der nachtweißen Landschaft vom Himmel.

Die Wolke zog weiter und blaß und dünn hing der Mond wieder da. Und auf einmal wusste ich, was mir nicht einfallen wollte. Genauso, schimmernd und dünn, waren ja die Silbertaler, die zu Hause in der Vase zwischen den bunten Strohblumen stehen. Diese platten Früchte wie aus Pergamentpapier. Mutter hatte sie mitgebracht, als sie von Opas Beerdigung kam. Sie stammten aus Omas Garten, aber ich hatte nie an sie gedacht. Erst bei diesem Mond, und ich

starrte zum Himmel hoch und ich stolperte wieder und Oma packte mich von neuem am Arm.
»Vor die Füße tu kucken«, mahnte sie.
Ein zweites Auto kam noch an uns vorüber und ich dachte, es könnte anhalten und uns mitnehmen. Aber es hielt nicht an. Das Glockenläuten wurde dröhnend laut. Die Luft schien zu zittern. Die Dorfstraße entlang kamen Leute, auch von den Neubauten her und vom alten Gutshaus. Autotüren klappten und über dem Schnee am Kirchenberg strahlte helles Licht von den Autoscheinwerfern. Der Schnee blendete nach all der Dämmerung.
Oma schüttelte den Kopf. »Was aber auch Himmel und Leute!«
Ich konnte mir nicht vorstellen, was all die Menschen in der Kirche wollten. Die Tür vom breiten Backsteinturm stand weit offen und im Turmraum brannten viele Kerzen. Sie flackerten und die Flammen gaben ein warmes Licht. So hatte ich den Kirchturm noch nie gesehen. Bei Tage ist das ein schwerer Klotz aus dicken Steinen. Er trägt den Turm aus Holz, aus dicken Bohlen, die schon ganz grau sind. Darüber ist ein Dach aus roten Ziegeln. Das konnte ich im Dunkel nicht sehen, aber ich kenne es, denn ich war ja im Sommer öfter mal in Proseken, wenn ich für Oma was aus dem Konsum holen sollte. Da standen auf dem Turmdach die jungen Störche. Sie konnten schon fliegen. Aber in der Kirche war ich nie. Sie war ja

auch verschlossen. Nur am Sonntag nicht, wenn die Glocken läuteten. Dann kamen immer mal ein paar alte Leute durch die Holztür. Oma ging nie hin und Opa auch nicht.

Ein paar Leute kannten Oma. Sie grüßten oder sagten auch: »Ach, Frau Wachtoweit, da staune ich aber!« oder: »Haben Sie den langen Weg gemacht! Ist auch ein Wetter! Na, wenigstens ein bisschen Schnee, gehört doch zu Weihnachten, was?« Und Oma nickte und schob mich vor sich her. Im Turm nahm sie ihr Tuch ab und rückte den schwarzen Hut zurecht.

In der Kirche waren die Holzbänke auf beiden Seiten des breiten Ganges rappelvoll besetzt. Über dem Eingang und an den Wänden rechts und links trugen dicke Holzsäulen so eine Art Balkon. Oma sah sich rasch nach allen Seiten um und auch nach oben. »Nee, nee«, murmelte sie, »da mag auch schon alles voll sein!« Sie reckte den Kopf zu dem Geschurre und Murmeln über uns.

Ich spähte nach vorn. Vielleicht gab's da noch Platz. Durch den Turm drängten noch mehr Besucher nach. Ich sah, wie sich auf einer Bank eine Frau umwandte und winkte: Das war die dicke Frau mit den Paketen aus dem Bus. Oma schob mich voran und dann zwängten wir uns zu der Frau auf die Bank, an den Beinen der Leute vorbei. Nur zwei Männer standen auf, damit Oma und ich besser durchkamen.

»Wird aber Zeit, Frau Wachtoweit«, sagte die dicke Frau. »Lange hätte ich den Platz nicht freihalten können. Ich dachte schon, Sie kommen doch nicht!«
»Sei bedankt, Frieda«, sagte Oma. »Ist doch ein weiter Weg und die Beine, Erbarmung, sie wollen nicht mehr so schnell!«
Die Frau beugte sich an Oma vorbei. »Schön, dass du die Oma begleitest! Du bist wohl der Hannes?«
Ich nickte und sie gab mir einen bedruckten Zettel. Oma hielt sie auch so ein Blatt hin, doch Oma schüttelte den Kopf.
»Brauch ich nicht. Ich kenn die Lieder von früher noch!«
»Ach ja«, sagte die dicke Frau Frieda. »Ich nicht. Mal grade noch ›Stille Nacht‹. Viel mehr ist nicht!«
Die anderen Leute lasen auch solche Zettel oder legten sie auf die schräge Lehne der Bank vor sich. Ein paar alte Frauen hielten schwarze Bücher in den Händen.
»Was ist das, Oma?«, fragte ich leise.
»Nu, die Lieder, die wir singen werden, Jungche!«
Der Text auf dem grauen Papier war nicht sehr gut zu erkennen, so dünn und blau. Vom süßen Himmelswagen stand da etwas und dass ein Ros' entsprungen ist. Ich legte den Zettel auf die Lehne, wie es die anderen auch getan hatten. Ziemlich eingequetscht saßen wir auf der schmalen Bank. Und warm war es auch nicht gerade in der Kirche. Mir gefiel das alles nicht, aber ich musste ja sitzen bleiben.

Von innen wirkte die Kirche viel kleiner als von außen. Sie steht in Proseken auf dem Kirchenberg wie ein umgestülptes Riesenschiff aus rotem Backstein und ihr hohes Dach ist auch rot. Aber der Raum, in dem wir saßen, trug über dicken Balken eine flache graugrüne Holzdecke. Die Wände, grauweiß mit Kalk gestrichen, liefen vorn zu einem Halbrund zusammen, und an den schmalen, hohen Fenstern konnte ich erkennen, wie dick die Mauern waren. Solche großen Ziegelsteine gab es jetzt gar nicht mehr. Die mussten schon ein paar hundert Jahre alt sein!

Zwischen den hohen Fenstern stand an der Wand eine Kanzel mit einem Bild darunter und einem Tisch davor. Darauf brannten zwei Kerzen in großen Leuchtern. Zwei dickbeinige Holzfiguren mit nackten Armen rahmten die Kanzel ein. Aus ihren Rücken wuchsen weiße Flügel. Die Flügel von meiner Taube fand ich besser.

An der Kanzel, das waren Engel und sie sahen wie Riesenpuppen aus, viel zu fett um fliegen zu können. Ich dachte an die Geschichte von dem Engel mit dem goldenen Schnurrbart. Der konnte tatsächlich fliegen. Er war vom Himmel gefallen und hatte sich mit einem Mädchen angefreundet, das im Hochhaus wohnte. Aber dann wurde die Geschichte doch traurig. Das Mädchen wollte dem Engel die Flügel beschneiden! Er sollte überhaupt nicht mehr fliegen. Und da ist der Engel einfach abgehauen.

Die Geschichte hatte mir gefallen und ich wusste doch, dass es gar keine Engel gibt.
Das Kreuz sah ich mir lange an. Es hing mächtig groß neben der Kanzel schräg in die Kirche hinein. An dem Kreuz hing ein Mann. Er war auch aus Holz geschnitzt, ganz nackt, und um die Hüften trug er ein Tuch. Er hatte dünne Arme und Beine. Durch seine Hände und Füße waren lange Nägel geschlagen. So hing er an dem Kreuz und auf dem Kopf trug er einen Kranz aus stachligen Zweigen oder Dornen.
Ich sah mir den Mann am Kreuz genau an. Es war überhaupt das erste Mal, dass ich einen Jesus am Kreuz richtig sah. Bei uns im Dom, der sich in den braunen Scheiben vom Republikpalast spiegelt, hatte ich gar nicht darauf geachtet. Da hatte ich nur gestaunt, wie dieser Dom wieder aufgebaut wird. Der war ja im Krieg völlig kaputt von den Bomben. Im Dom hatte ich auf keinen Mann am Kreuz geachtet und da gab es bestimmt auch einen. Aber nun saß ich in der Kirche von Groß Proseken und ich fror und ich sah das Kreuz mit dem angenagelten Mann, der Jesus hieß.
Ich weiß nur, dass die Römer damals, vor zweitausend Jahren, die Aufständischen ans Kreuz geschlagen haben. Es soll viele solche Kreuze gegeben haben. Frau Mareihn, die hat uns in Geschichte gesagt, das war schon Klassenkampf. Die vielen Sklaven! Spartakus und so. Aber Therese und Sebastian aus meiner

Klasse, die tun so, als hätte es nur einen am Kreuz gegeben, diesen Jesus Christus. Sie sagen, er ist Gottes Sohn gewesen. Aber unter Gottes Sohn kann ich mir nichts vorstellen.

Ich fand, der Mann dort am Kreuz müsste ein anderes Gesicht haben. Er müsste schreien! Bei diesen wahnsinnigen Schmerzen!

Die anderen Leute sahen wohl gar nicht mehr richtig hin, weil sie alles schon kannten. Wie beim Fernsehen, wenn die Bilder aus Chile kommen oder aus Salvador oder von den Toten nach dem Erdbeben. Oma flüsterte mit der dicken Frau und die Männer neben mir drehten sich um und sahen zur Tür. Noch immer kamen Frauen und Männer und auch Kinder von draußen. Sie gingen die Treppe zum Holzbalkon hoch. Und da, zwischen ihnen, drängte sich auch Pinkau. Er trug seine Posaune, hielt sie am ausgestreckten Arm über die Köpfe der anderen. Sein Mantel war offen und weiß von Schnee bestäubt wie seine schwarze Fellmütze. Um seinen dünnen Hals schlenkerte ein langer Schal. Er musste sich am Geländer festhalten, als er die Treppe hochstieg. Er verschwand hinter der Holzwand und dann gab es ein ziemliches Rumoren und Poltern unter der Orgel. Ihre Pfeifen ragten lang und silbergrau wie Raketen über die Holzbrüstung.

Ich drehte mich wieder zu Oma um. »Wann geht es denn endlich los hier?«, fragte ich. Was losgehen sollte, das wusste ich nicht, aber die vielen Leute mussten ja einen Grund haben, dicht bei dicht auf den unbequemen Bänken zu sitzen.

»Pst«, machte Oma. Sie sah mich unwillig an. »Wirst nicht warten können? Kuck mal, was ein schöner Baum!«

Vor der Kanzel, mehr zur Wand hin, stand eine große Tanne. Auf den Zweigen brannte eine Menge weißer Kerzen.

»Unser Weihnachtsbaum zu Hause, der ist schöner«, gab ich zurück. »Der hat bunte Kugeln!« Mir gefiel das alles nicht. Ich war nur wegen Oma mitgekommen. Weil sie den Weg nicht allein gehen sollte. Und vielleicht auch wegen Klara. Vielleicht, weil Oma merken sollte, dass ich anders als Mutter war.

Ich dachte wieder, wie schön es wäre, wenn ich Skier bekäme, aber mir fiel auch ein, dass Pinkau mit uns zum Jammerfeld zurückgehen konnte.

Das fand ich gar nicht gut. Er hätte dann Oma was sagen können. Nämlich, wie Mutter mit der toten Klara vor seiner Tür stand. Das wollte ich nicht!

Auf einmal war hinter uns, an der Orgel, ein Poltern wie von schweren Stiefeln und ein Mann sagte ziemlich laut: »Reiß dich zusammen!« Die Leute blickten sich um und nach oben.

»Nee, so was aber auch!« Die dicke Frau Frieda wackelte bedenklich mit dem Kopf. »Wenn Pinkau sich mal nicht wieder feucht gemacht hat.«

»Nu, nu«, sagte Oma, »wird schon so arg nicht sein!«
Mir schien, als würde es mit einem Male stiller in der Kirche. Das halblaute Murmeln verstummte. Auch die Glocken klangen nicht mehr so laut und plötzlich setzten von oben, wo die Orgelpfeifen standen, schmetternd Trompeten und Posaunen ein. Das war das Weihnachtslied, das Pinkau auf seinem Dachboden gespielt hatte. Die Feuerwehrkapelle! Und Pinkau mit dabei. Es hörte sich gut an, wie sie von oben bliesen, und zwischen den voll besetzten Bänken kam langsam ein großer Mann den Gang entlang an uns vorbei. Vor seinem Bauch trug er ein Buch in den gefalteten Händen. Unter dem Kinn hatte er eine weiße Krawatte. Sie hing über einem langen schwarzen Umhang. Seine dunklen Augen sahen ernst aus. Sehr alt war er noch nicht. Er trug ziemlich lange schwarze Haare und einen kleinen Bart.
»Ist das der Pastor?«, fragte ich Oma flüsternd.
Oma nickte.
Da stand der Pastor schon unter der Kanzel vor dem großen Tisch, über dem ein weißes Tuch lag. Er beugte sich nach vorn und mir schien, als würde er leise sprechen. Aber mit wem sollte er da vorn denn reden? Nur sein breiter schwarzer Rücken war zu sehen.
Ich stieß Oma noch mal leise an. »Was macht er da?«

Oma legte einen Finger auf den Mund. Dann war ihr Kopf ganz dicht an meinem Ohr. »Beten tut er!«
Die Feuerwehrmänner schmetterten noch immer und auf einen Schlag setzte die Orgel dazu ein. Ihr Brausen und Dröhnen kam so überraschend, dass mir ein Schaudern den Rücken hinunterlief. Das ging mächtig los! Aber dann war es still. Ich hörte nur noch, wie da oben Luft aus der Orgel pfiff. Der Pastor wandte sich um. Er nickte uns zu, in die Kirche hinein, hatte sein Buch vor der Brust und fing an zu sprechen.
Heute sei ein Tag großer Freude, sagte er, weil vor tausend und neunhundert und fünfundachtzig Jahren der Heiland geboren wurde. Das sei Gottes Sohn, sagte er, und deshalb hätten wir uns alle versammelt, weil wir uns gemeinsam freuen wollten. Und nun würden wir zusammen das Lied »O du fröhliche ...« singen. Die Verse eins bis drei.
Vom Heiland wusste ich nichts und auch nicht, warum ich mich freuen sollte. Ich hätte mich mehr gefreut, wenn ich mit Mutter und Oma am Jammerfeld gesessen hätte. Und am meisten, wenn Vater auch dabei gewesen wäre. Und Klara noch.
Die Leute griffen nach den Zetteln mit den Liedtexten, die Feuerwehrleute bliesen wieder und alle fingen an zu singen. Auch Oma sang neben mir, ganz laut und hoch und deutlich. Sie konnte besser singen als die anderen. Dann spielte auch die Orgel wieder mit.

Ihre Töne dröhnten gegen die hellen Posaunen und Trompeten und ich merkte, dass eine Posaune immer ein bisschen zu spät einsetzte. Manchmal kam sogar ein falscher Ton.
Der Pastor schlug das Buch auf und las mit seiner dünnen, hohen Stimme daraus vor. Ein Prophet hatte verkündet, dass von einem Stamm ein Reis aufgehen und ein Zweig von seiner Wurzel Frucht bringen sollte. Und jetzt würden wir singen: »Es ist ein Ros' entsprungen«.
Zu diesem Lied spielte nur die Orgel und Omas Stimme war über allen anderen Stimmen ganz deutlich zu hören. Ich musste staunen, wie laut und klar sie war.
Alle sangen. Die alten Frauen, aber auch manche Männer brauchten gar nicht auf die Zettel oder in ihre schwarzen Bücher zu sehen. Sie kannten die Lieder. Als die Orgel dann wieder mit einem Seufzer aussetzte, war mir, als würde der Pastor mit seinen dunklen Augen nur mich ansehen. Aber er hob nur das Buch ein bisschen höher, um weiter vorzulesen.
Die Geschichte sollte in Syrien passiert sein, als der Kaiser Augustus in Rom regierte. Der hatte damals seinem Gouverneur in Syrien befohlen, alle Leute in Steuerlisten zu erfassen. Sie mussten in die Heimat ihrer Vorfahren ziehen, um sich eintragen zu lassen. Ein Mann, der Josef hieß, musste nach Bethlehem. Seine Frau Maria sollte ein Kind kriegen.

Während der Pastor noch las, kamen ein Mädchen und ein Junge durch die Kirche.
Laienspiel, dachte ich, die machen ja richtig Theater hier! Der Junge trug eine große Anzugjacke und einen schwarzen Schäferhut. Er sollte alt aussehen und ging an einem Stock. Das Mädchen spielte seine Frau. Unter dem weiten Kleid, das bis zur Erde fiel, trug sie einen dicken Leib. Die beiden gingen schleppend nach vorn und das Mädchen setzte sich auf einen Hocker.
In Bethlehem, sagte der Pastor, war es so weit, dass Maria ihr Kind bekam. Der Junge holte hinter dem Tannenbaum eine Futterkrippe hervor und trug sie zu dem Mädchen, zu seiner Frau Maria. Es war eine Futterraufe, wie sie hinter dem Jammerfeld für die Schafe aufgestellt werden. Jetzt war es ganz still in der Kirche. Die Stimme des Pastors klang laut und deutlich. Er sagte: »Maria brachte ihren Sohn zur Welt, wickelte ihn in Windeln und legte ihn in eine Futterkrippe im Stall. Eine andere Bleibe hatten sie nicht gefunden!«
Das Mädchen stand auf und beugte sich über die Futterraufe. Als sie sich umdrehte, lag ein weißes Bündel in dem Gestell, und von der Orgel herab spielten zwei oder vielleicht auch drei Flöten. Das war schön und die Leute fingen wieder an zu singen. Erst nur ein paar und kräftig. »Lobt Gott, ihr Christen alle gleich«, sangen sie. Durch den Gang kamen noch

mehr verkleidete Kinder. Sie waren zwei oder drei Jahre älter als ich, aus der siebten oder achten Klasse vielleicht. Henning Kufahl entdeckte ich dabei. Er sah mich nicht, obwohl ich ihn anstarrte. Er hatte sich einen langen, alten Mantel übergezogen.

Mit Henning war ich im Sommer zum Angeln, mit Henning und mit Harald. Harald war schon ein guter Angler, aber Henning war besser. Er holte sogar die Schleie aus dem alten Torfstich. Darüber musste selbst Opa staunen. Er wollte es gar nicht glauben. Ich hatte ja keine Ahnung vom Angeln, aber Harald und Henning nahmen mich mit. Harald gab mir seine Rute und von Opa hatte ich eine Angelpose, sie war ganz leicht, aus Kork und einer Hühnerfeder. Mit der zog Henning dann die Schleie raus. Ich hatte nie das richtige Gefühl, wann man anrucken muss. Da sagte er: »Gib mal her, das wird ja doch nichts!« Und er zog einen Schlei nach dem anderen aus dem dunklen Wasser in der Torfkuhle. Es waren schöne Fische, bisschen dunkel und golden. Henning machte sie von den Haken los und schlug ihnen mit einem kleinen Knüppel auf den Kopf, bis sie nicht mehr zuckten.

»Du kannst die einfach so totmachen?«, fragte ich.

Henning sah mich an, als wäre ich nicht klar im Kopf.

»Was denn sonst«, sagte er, »sollen die Fische sich lange quälen? Das ist mal so, wenn du Fisch essen willst!«

Opa sagte später genau dasselbe, als Oma die Fische in der Pfanne hatte. Sie schmeckten sehr gut.
»Du darfst kein falsches Mitleid haben«, sagte Opa, »sonst fehlt dir Mitleid, wo es nötig ist!« Auch wieder so ein Spruch von ihm.
Eigentlich seltsam, dass er mir einfiel, als Henning mit seinem langen Mantel in der Kirche nach vorne ging und die anderen Kinder hinter ihm her. Sie stellten sich neben Maria und Josef um die Krippe. Nur das Mädchen mit den langen blonden Haaren nicht. Sie trug einen langen weißen Umhang und ging weiter, zu der Kanzel. Dahinter musste eine Treppe sein.
Der Pastor las weiter aus seinem großen Buch, dass Hirten in der Nacht auf dem Felde waren und ihre Herden bewachten. Ein Engel wäre gekommen und um sie her hätte Gottes Glanz geleuchtet und sie fürchteten sich sehr!
Genau als er das sagte, flammte in der Kanzel über ihm eine Lampe auf. Da stand das Mädchen mit den blonden Haaren und der weiße Umhang strahlte sehr hell im Licht.
»Fürchtet euch nicht«, rief das Mädchen und streckte die Arme aus. »Siehe, ich verkünde euch große Freude! Denn heute ist euch der Heiland geboren! Das ist Christus, der Herr! Ihr werdet finden das Kindlein in der Krippe liegen!«
Wie ein Engel sah das Mädchen nicht gerade aus,

aber es gefiel ihr wohl, den Engel zu spielen. Ich hätte nicht auf der Kanzel stehen und Engel sein wollen.
»Vom Himmel hoch, da komm ich her«, sagte der Pastor und schon bliesen die Posaunen und die Trompeten wieder. Aber jetzt waren ziemlich viel falsche Töne dabei! Die dicke Frau hob ruckartig ihren Kopf und machte den Mund auf, als ob sie etwas sagen wollte. Doch die Orgel setzte ein und alle sangen: »Vom Himmel hoch, da komm ich her.« Ich sang auch mit, den Zettel in der Hand. Das ging ganz gut und die falschen Töne störten mich nicht. Aber plötzlich war über uns ein heftiges Murmeln und Geschiebe und Gescharre, ein paar unfreundliche Stimmen und dann polterte jemand laut die Treppe nach unten.
Alle Köpfe drehten sich um. Auf der Treppe tappte Pinkau herab. Er hatte seine Posaune in der ausgestreckten Hand und sein Schal baumelte lang über die Schultern.
Der Gesang wurde immer dünner, obwohl die Orgel weiterspielte. Dann sang niemand mehr. Alle starrten zu Pinkau. Er hielt sich an der Tür fest, winkte mit seiner Posaune in die Kirche und verschwand stolpernd und schwankend zwischen den Türflügeln. Sie klappten hinter ihm zu und die Kerzenflammen flackerten.
»Herregott«, knurrte der Mann neben mir, »so eine Saufnase aber auch! Und noch am Heiligabend!«

Vorn, neben dem Tannenbaum, standen die Kinder und Henning Kufahl grinste. Der Pastor hatte ein hilfloses Gesicht, als ob er sich schämen müsste. Aber er konnte ja nichts dafür. Dann setzte die Orgel aus. Nur das Tuscheln und Murmeln der Leute war zu hören und weiter hinten sagte ein kleines Kind ganz laut: »Mama, was ist mit dem Onkel?«

Der Pastor breitete die Arme aus und er nickte den Kindern zu, die sich mit weißen Laken über den Schultern um die Krippe mit Maria und Josef gestellt hatten. Seine Stimme zitterte, als er sagte: »Neben dem Engel war eine große Schar anderer Engel. Die lobten Gott und riefen: Alle Ehre gehört Gott in der Höhe! Sein Friede gilt auf der Erde allen Menschen, die er liebt!« Danach war es sehr still.

»Er liebt alle Menschen, die allein und nicht glücklich sind«, rief der Pastor und zeigte zu der Tür, die immer noch pendelte.

»Na, na«, brubbelte der Mann neben mir, aber dann spielte die Orgel schon wieder und auch er sang das Lied von den Hirten, die das liebliche Kind sehen wollten.

Als der Pastor dann erzählte, dass schon vor zweitausend Jahren Menschen aller Klassen und Rassen zu Jesus Christus gehörten, ganz gleich, ob sie reich oder arm, mächtig oder schwach waren, kamen drei verkleidete Jungen aus dem Turmraum. Einer hatte sich das Gesicht schwarz bemalt. Sie legten Geschenke in

die Krippe und der Pastor erklärte, dass die Jungen drei Könige wären, die Weisen aus dem Morgenland. Sie brächten Gold für einen König, Weihrauch für Gottes Sohn und Myrrhe sollte ihr Geschenk für den Erlöser sein. Der Pastor meinte, dass alle Menschen das Kind in der Krippe als Herrn und Meister erkannten und dass es die Welt retten sollte.
Es sah wirklich schön aus, als sie alle um die Futterraufe standen. Die großen Kerzen brannten und der grüne Tannenbaum schimmerte auch im Kerzenlicht und das Mädchen Maria beugte sich über das weiße Bündel in der Krippe. Leiser als vorher und ohne falsche Töne bliesen die Männer von der Feuerwehr. Die Orgel spielte und alle sangen das Lied »Stille Nacht, Heilige Nacht«. Ich sang auch mit und ich sah Oma dabei an. Ihre hohe Stimme klang laut und klar. Ihre Augen waren nass und ich sah schnell weg.
»Christ, der Retter ist da«, sangen wir und ich musste plötzlich an Mutter denken. Die putzte jetzt den Weihnachtsbaum auf. Und ich dachte an die Taube, wie sie in ihrer Hand gehangen und tot über dem Schnee gebaumelt hatte. Pinkau sah ich in der offenen Tür, wie er Mutter anschrie, und nun hatte ich richtige Angst, dass er Oma alles erzählen konnte. Ich zitterte, weil Kälte vom Steinboden an den Beinen in mir hochkroch, und ich war froh, als das Lied zu Ende war.
»Herr, es ist Weihnachten«, rief der Pastor. »Wir ha-

ben viel Grund zum Freuen und zum Feiern. Aber nicht allen geht es so gut wie uns. Herr, wir wollen nicht nur heute gut sein. Die Güte soll zu einer Macht werden. Wir müssen es nur wollen!«

Mutter, dachte ich, was du gemacht hast, das war nicht gut!

»Mit Geschenken können wir einander Freude bereiten«, sagte er. »Aber das alles ist nicht selbstverständlich!«

Mutter, dir schenke ich die Taube nicht, dachte ich und ich erschrak dabei, denn die Leute in der Kirche murmelten laut und dumpf: »Herr, wir danken dir!«

Ehe ich weiterdenken konnte, sagte der Pastor, als wollte er uns beschwören: »Vater, gib, dass wir helfen können!«

Da antworteten alle: »Herr, erhöre uns!«

»Gib, dass Friede auf der Welt wird«, rief der Pastor, »gib, dass dieser Friede bei uns einziehe und dass wir ihn in die Welt tragen! Wir bitten dich!«

Und wieder sagten die Leute: »Herr, erhöre uns.« Sie standen auf, Oma und die Männer neben mir, und sie falteten die Hände. Auch die dicke Frau Frieda legte ihre roten Hände zusammen. Ich stand zwischen ihnen und starrte auf meine Füße. Der Schnee war zu Wasser verlaufen.

»Vater unser«, murmelte die Kirche, »der du bist im Himmel.«

Das war ein Gebet. Aber Omas Stimme hörte ich dabei nicht. Ich konnte auch nicht mitbeten. Nicht, dass Vater von See kommen oder dass Omas Taube wieder in der Küche sitzen sollte. Und ich hatte auch keine Schuld, die mir vergeben werden sollte. Davon sprachen die Leute dann und auch, dass das Reich kommen solle.

Das Gebet ging zu Ende und der Mann neben mir sagte laut und deutlich: »Amen.« Alle hoben wieder die Köpfe und ich sah auch wieder nach vorne. Da stand der Pastor und hatte die Arme wie zwei schwarze Flügel ausgebreitet.

»So gehen wir mit der Freude im Herzen nach Hause«, sagte er, »und mit dem Licht Gottes! Die Kinder mögen sich Kerzen anzünden und sich im Turm aufstellen mit ihren Lichtern, wenn wir unser Gotteshaus verlassen.«

Die Orgel spielte und die Erwachsenen sangen noch ein Lied. »Ihr Kinderlein, kommet«, sangen sie.

Jetzt ist Schluss, dachte ich, da stieß Oma mich leise an.

»Willst dir kein Lichtlein nicht holen?«

Ich schüttelte den Kopf. Wozu sollte ich mit einer Kerze dastehen? Ich gehörte doch nicht dazu.

Die Kirchentür stand weit offen und ich sah im hellen Licht der Lampen, dass draußen dicke Flocken fielen. Aber es dauerte noch eine ganze Weile, ehe wir hinauskamen. Da stand der Pastor. Sein schwarzes Ge-

wand war schon weiß gesprenkelt. Er gab jedem die Hand. Omas Hand hielt er lange fest.
»Liebe Frau Wachtoweit«, sagte er, »Ihnen wünsche ich besonders herzlich eine gesegnete Weihnacht! Wie schön, dass auch Sie gekommen sind!« Dann sah er mich an.
»Fein, dass du deine Großmutter begleitest. Darüber freue ich mich. Auch dir wünsche ich ein gesegnetes Fest!«
Ich nickte nur, denn ich wusste nicht, wie man mit einem Pastor reden muss.
»Nu, danke«, sagte Oma, »wünsch ich auch, Herr Pastor. Hat mir Freude gemacht, das Singen. Ja, ja, wenn mal alle möchten gut sein! Nu, Sie wissen ja!«
Oma band sich wieder ihr Tuch über den Hut. Dann griff sie nach meinem Arm. »Pass auf, Jungche, die Stufen möchten glatt sein jetzt!«
Es war viel Schnee gefallen. Auf den Stufen zur Kirche hatten ihn die Leute schon festgetreten. Vor dem Kirchenplatz sprangen die Automotoren an und ein Lichtkegel nach dem anderen tastete die Straße entlang. Für kurze Augenblicke traten die Häuserwände leuchtend und rot aus der Dunkelheit.
»Fröhliche Weihnachten«, sagten die Leute und die dicke Frau Frieda kam zu Oma und schüttelte ihr die Hand. Dann waren wir allein auf der Straße, die Häuser und die Kirche blieben hinter uns und ich ge-

wöhnte mich langsam wieder an das Dämmerlicht über dem Schnee. Am Himmel tauchten Sterne auf.
Ich hörte, wie hinter uns die Autos an der Kirche abfuhren. Es dauerte wohl ziemlich lange, ehe der Pastor alle Leute verabschiedet hatte. Sie fuhren in Richtung Robitz den langen Berg hoch und ich dachte daran, dass zwei Autos auch in unsere Richtung fahren mussten. Sie hatten uns auf dem Hinweg ja überholt. Sie kamen nicht, aber sie waren auch nicht vor uns abgefahren, denn im Schnee gab es keine Autospuren.
Nur eine halb verschneite Fahrradspur sah ich. Die lief wie eine Schlange über die Straße. Ein Stück hinter den letzten Häusern endete sie erst einmal. Da lag der Schnee zusammengedrückt und zur Seite geschoben. Entweder war der Radfahrer abgestiegen oder er war ausgerutscht und gefallen. Er musste dann sein Rad geschoben haben: Ich entdeckte Fußspuren im Schnee. Sie führten im Zickzack von einer Straßenkante zur anderen.
»Der hat sein Rad aber komisch geschoben«, sagte ich.
»Tu lieber bei mir bleiben«, mahnte Oma, »dass du nicht möcht'st hinfallen!« Sie ging wieder ganz rasch mit ihren kleinen Trippelschritten.
»Bist ja so stille«, sagte sie nach einer Weile.
»Ja, ist ja auch ›stille Nacht‹«, sagte ich, »haben wir doch gesungen!« Das sollte gar nicht witzig sein. Ich

dachte wirklich darüber nach, ob das nun eine besondere Nacht war. Weihnachten und Heilige Nacht.
Es schneite nicht mehr und der Mond schien wieder.
Ich sah Oma von der Seite an. »Du kannst schön singen«, sagte ich.
»Nu, macht mir Freude!«
»Aber gebetet hast du nicht, Oma!«
Ihre Brille blinkte, so rasch drehte sie den Kopf zu mir.
»Tust ja gut aufpassen, Jungche!«
»Warum nicht, Oma?«, bohrte ich weiter. »Glaubst du nicht, was der Pastor sagt? Warum gehst du dann zur Kirche?«
»Ich tu glauben, was ich weiß, und der Herr Pastor, der weiß, was er glauben tut. Vom Beten wird nuscht nichts, Hannes! Kein Frieden nicht und kein Gutsein. Tun muss man.«
»Aber warum gehst du dann zur Kirche?«, fragte ich noch einmal. »Du bist auch so gut, Oma!«
»Nu, ich weiß nicht!« Oma ging keinen Schritt langsamer. »Ist nicht so einfach mit dem Gutsein! Weißt, die Leute haben damals auch in der Kirche gesessen und gebetet haben sie und die Männer sind dann los mit den Panzern und den Flugzeugen. Krieg haben wir gemacht. In Polen und in Russland auch und anderswo noch. Und als er zurückkam, der Krieg, da sind wir weggemacht von zu Hause mit Pferdchen

und Wagen. Da hat kein Beten nicht geholfen! Wird auch jetzt nicht helfen. Ist immer noch Krieg in der Welt, weißt ja selber, oder nicht?«

»Ja«, sagte ich, doch ich wunderte mich sehr, wie meine kleine, alte Oma redete. In der Nacht zwischen Proseken und dem Jammerfeld. Mit Freude im Herzen sollten wir nach Hause gehen, hatte der Pastor gemeint.

»Krieg ist von Menschen«, sagte Oma, »da wird Frieden auch nur von Menschen sein und nicht vom lieben Gott!«

»Aber warum du zur Kirche gehst, hast du immer noch nicht gesagt, Oma!«

Sie blieb stehen. »Weißt, der Herr Pastor tut sich freuen, wenn ihm die Kirche voll ist an Weihnachten. Andre Zeit kommt ihm kaum einer. Und ist auch schön, die Lichter und die Kinderchen und die Lieder singen, die alten. Der Herr Pastor, der kommt mich immer mal besuchen, seit Opa gegangen ist. Sitzen wir und reden ein bisschen. Nu, werde ich ihm doch mal die Freude machen!«

»Nur deshalb?«, fragte ich.

»Nu, ja doch«, sagte Oma und ging weiter.

Die Felder waren unheimlich weiß im Mondlicht und die Kopfweiden ragten klobig und schwarz am Weg zum Jammerfeld auf. Oma ließ mich vorangehen. Als ich an der dritten Weide vorbeikam, sah ich das Fahrrad. Der Lenker blinkerte im Mondlicht. Sonst wäre

ich glatt daran vorübergelaufen. Auf die Spuren im Schnee hatte ich schon nicht mehr geachtet. Die sah ich erst, als ich auf das Fahrrad zuging. Es lag halb im Graben. Ich blieb vor Schreck stehen.
Hinter dem Fahrrad, im Graben, lag ein Mann, lag auf dem Bauch im Schnee, einen Arm ausgestreckt, und vor seinem Arm blinkerte matt und golden Metall.
»Oma«, schrie ich. »Oma!«
»Was brüllst du?«, sagte sie.
Ich sprang zurück, packte Oma am Arm und zog sie vom Weg.
»Nu, nu«, wehrte sie sich, »was ist dir?«
»Da!« Ich zeigte in den Graben. »Sieh mal, wer da liegt!«
»Nu, ja doch«, sagte Oma, »Pinkau!«
»Der ist gestürzt, Oma!« Ich merkte gleich, wie dumm das klang. Oma konnte es selbst sehen. Der Mann lag wie tot. Unheimlich war das.
»Du dreibastiger Saufaus, Erbarmung«, stöhnte Oma.
Ich hatte schreckliche Angst. »Dem ist was Schlimmes passiert!«
Aber Oma schüttelte den Kopf. »Wird so schlimm nicht sein! Betrieselte und Kinder haben Schutzengel, weißt!« Sie machte noch zwei kleine Schritte bis zum Grabenrand.
»Möcht schwer sein, ihn rauszuschaffen. Aber er darf

nicht liegen bleiben. Den Tod tut er sich holen! Du zieh mal erst das Fahrrad auf den Weg!«
Das war nicht so schwer. Aber was weiter? Die steile Böschung vom Graben war mehr als einen Meter tief, und Oma barmte: »Ich kann nicht runter!«
Wir waren ganz allein in den Feldern mit dem glitzernden Schnee. Sie sahen endlos aus. Nur die langen Schatten von den Weidenbäumen fielen schwer und blauschwarz über den Graben. Niemand konnte uns helfen.
Da lag dieser Pinkau und neben seiner Hand die Mütze. Sie war ihm vom Kopf geflogen. Mit den ausgebreiteten Ohrenklappen sah sie wie ein Stück Fell aus. Er hielt seine Posaune umklammert. Sie blitzte lang und golden.
»Nu, steh nicht wie angewachsen«, herrschte mich Oma plötzlich an. »Mach schon! Dreh ihn um, reib ihm den Nüschel mit Schnee ab. Er muss wach sein. Wenn nicht, gib ihm Ohrfeigen!«
Es war hell genug, dass ich Omas Gesicht genau sehen konnte. Sie meinte es wirklich ernst.
»Was stehst du!« Omas Stimme wurde schärfer und ich packte den Mann an der Schulter. Ich zog an seinem Mantel und versuchte ihn wachzurütteln.
»Herr Pinkau«, schrie ich, »Herr Pinkau!« Aber er knurrte nur und schnaufte und streckte ein Bein lang aus.
»Auf die Seite tu ihn drehen«, befahl Oma. »Drehen

musst du ihn. Zieh am Arm. Nimm ihm die Posaune weg!«
Ich zerrte an der Posaune. Die großen, harten Finger des Mannes krallten sich um das kalte Metall. Ich zog mit aller Kraft und er knurrte wieder. Das Knurren wurde zu einem Grunzen und er versuchte den Kopf zu heben. Ich stemmte meine Füße gegen den Schnee und gegen vertrocknete Pflanzenbüschel und für einen Moment sah ich das Weiß seiner Augen. Aber die Hand blieb fest um die Posaune geklammert wie eine Baumwurzel um einen Stein.
»Aufstehen«, brüllte ich. »Sie müssen aufstehen, aufstehen!«
»Ööö«, machte der Mann, »soll 'n das? 'dammt noch mal!«
Ich zerrte und zog und dann schoss ich rückwärts in den Schnee. Ganz plötzlich hatte er losgelassen. Als ich mich mit seiner Posaune wieder hochrappelte, stemmte Pinkau sich auf den Armen hoch. Er hockte wie ein großes graues Tier im Schnee. Jetzt erst sah er mich. Eine Hand schwankte mir entgegen.
»Soll 'n das«, stieß er wieder aus. »Kannst doch, kannst mir doch nich, kannst mir doch mein Ding nicht weg-wegnehmen, kannst du doch …« Er rülpste, sackte nach vorn und fing sich mit der Hand im Schnee ab.
»Pinkau«, schrie Oma. Ihre Stimme war schrecklich schrill und laut.

Da ruckte der Mann den Kopf hoch und versuchte zu ihr hinzusehen.
»Pinkau«, rief Oma, »komm hoch, wir bringen dich nach Hause!«
»Hajuja«, lallte der Mann. »Geeeht ma nach Hause! Föööhiche Weih-weihnachten!«
Ich fand ihn scheußlich und zugleich tat er mir Leid, wie er im Schnee hockte und nicht mal mehr richtig sprechen konnte.
»Pinkau«, rief Oma wieder, »komm zu dir!«
Er drehte den Kopf und hob ihn langsam, ganz langsam immer höher. Er stierte mit offenem Mund zu Oma hoch, die am Graben stand und eine Hand nach ihm ausstreckte.
»Hahaja! Omma Wachtoweit, Omma Wach, komme ja!«
Er schaukelte langsam auf den Knien und den Armen hin und her. Dann drehte er sich, stieß einen Arm vor, schob mit den Beinen nach und fiel wie ein Sack gegen die Böschung.
»Oha«, machte er.
»Die Mütze«, befahl Oma, »die Mütze und die Posaune!«
Ich griff nach der Fellmütze, legte sie am Grabenrand ab und die Posaune darüber.
Pinkau hing mit ausgebreiteten Armen an der Böschung. Seine nackten Hände kratzten im Schnee.
»Pinkau, na«, mahnte Oma jetzt schon etwas leiser,

»gib dir ’n Ruck!« Sie beugte sich zu ihm, so weit sie nur konnte.
Er starrte sie an und nickte.
»Schieb nach, Hannes«, kommandierte sie. »Los, Pinkau!«
Die Hände des Mannes krallten sich in die Grabenwand, wühlten durch den Schnee in die Erde, rissen Grasbüschel aus und seine Füße stießen schurrend an der Böschung nach unten. Aber er schaffte es nicht.
»Schieb doch«, rief Oma und ich stemmte mich mit der Schulter gegen den Mantel, der sich über dem Hintern wölbte, drückte mit den Beinen gegen die Grabensohle, und endlich kam der Mann mit Stoßen und Stampfen die schräge Böschung nach oben. Er lag flach auf dem Bauch im Schnee, der bis zur dunklen Erde aufgewühlt war.
Ich stand neben ihm und zitterte. Die Böschung wäre ich bei Tage mit einem Satz, höchstens mit zwei Sätzen raufgekommen. Aber es dauerte unheimlich lange, ehe Pinkau das kurze Stück geschafft hatte.
»Ein Glück auch«, sagte Oma.
Es war wohl nicht nur die Anstrengung, die meine Beine zittern ließ. Es war so schrecklich, wie der Mann vor uns lag. Gar nicht wie ein Mensch! Und am Nachmittag hatte er noch mit seiner Posaune vom Dachboden gespielt, so klar und sauber und schön. Und der Pastor hatte von der großen Freude in der stillen Nacht gepredigt.

Ich bekam wirklich Angst, eine andere Art als sonst, wenn ich mich fürchtete, und Oma sagte auch noch: »Wenn ich mal wüsste, wie wir ihn wegkriegen sollen!«

Uns umgab wieder grauweiße Dunkelheit. Den Mond hatten die Wolken verschluckt. Oma bückte sich und klopfte Pinkau mit der flachen Hand ins Gesicht.

»Lass mich in Ruhe!« Pinkau stieß die Worte rau und gurgelnd aus. »Hau ab, Omma! Lass mich!«

Aber Oma wollte nicht aufgeben. »Pinkau, du darfst nicht liegen bleiben. Den Tod tust dir holen! Mach dich hoch!«

Der Mann gab keine Antwort. Er schob sich die Hände unter das Gesicht, als ob er schlafen wollte.

Oma richtete sich ächzend auf, hielt sich die Hand ins Kreuz, seufzte und schüttelte den Kopf. Sie hatte wohl auch keine Hoffnung mehr. Aber dann schrie sie doch wieder los. Ganz schrill wurde ihre Stimme.

»Komm hoch, Pinkau, hörst du!« Sie stieß ihm hart mit einem Fuß in die Seite, trat ihn mit der Stiefelspitze und er stöhnte auf.

Mit beiden Armen stemmte er sich hoch und kauerte wieder auf den Knien. Ich dachte schon, er würde wirklich aufstehen, und ich wollte ihm helfen. Aber er riss die Arme vor die Brust, ballte die Fäuste und schrie: »Ich will nicht!« Sein Mund blieb weit offen stehen. Er starrte uns an. Ich sah seine Augen ganz deutlich, sie blitzten weiß, denn mit einem Mal war

kurz und huschend ein Lichtschein über dem Schnee. Dann hörte ich einen Motor und das Licht wurde stärker.
»Ein Auto, Oma, ein Auto!« Ich rannte los, zur Straße hin. Der Lichtkegel war schon ganz nahe. Er kam von Proseken her. Als ich auf der Straße war, traf mich das Licht schon voll. Ich riss die Arme hoch, winkte und blieb mitten auf der Straße stehen. Sehen konnte ich nichts, so sehr blendeten mich die Scheinwerfer. Ich hörte nur, wie der Fahrer das Gas wegnahm und schaltete. Dann wurde das Licht abgeblendet. Rutschend blieb das Auto kurz vor mir stehen. Der Motor lief weiter und ein Mann brüllte: »Bist du verrückt geworden?«
Die Stimme klang wütend, aber ich ging trotzdem zu dem Auto.
»Helfen Sie uns!«, sagte ich. »Da liegt einer!«
Der Mann antwortete nicht. Ich hörte nur, wie eine Frau sagte: »Sieh nach, was los ist, Emil!« Dann klappte eine Tür auf und im Auto wurde es hell. Eine Frau und ein Mann saßen drin und der Mann stieg aus. Er war ziemlich dick. Vielleicht war nicht er dick, sondern nur der Mantel aus Schaffell mit dem großen Kragen. Den hatte ich in der Kirche schon gesehen, zwei Reihen vor uns.
»Was ist los?«, fragte der Mann. »Wieso bist du allein hier auf der Straße um diese Zeit? Wo kommst du denn her?«

»Frag nicht so viel, Emil«, rief die Frau aus dem Auto. »Sieh nach, was los ist, und beeile dich!«

»Also, was ist?«, sagte der Mann. Er stand schon ganz dicht vor mir.

»Wir haben ihn gefunden«, stotterte ich, »meine Oma und ich. Er kann nicht mehr laufen!«

»Nicht mehr laufen? Ach so! Pinkau, was? Besoffen!« Er lachte und das hörte sich böse an.

»Kommen Sie«, rief Oma vom Weg her.

»Ist ja dunkel wie ein Loch«, murrte der Mann. Er tappte hinter mir zu den Weiden.

Oma stand neben Pinkau. Er lag noch immer auf dem Bauch.

»Na klar«, sagte der Mann, »Pinkau! Und deshalb hältst du mich an, Bürschchen?«

»Nu, das möcht Menschenpflicht sein«, sagte Oma.

»Ach, das ist die Frau Wachtoweit!« Der Mann lachte wieder. »Jetzt höre ich, wer Sie sind. Na, Sie machen mir Spaß. Was soll denn die Aufregung? Pinkau ist noch immer nach Hause gekommen. Das müssen Sie doch wissen! Wenn ihm kalt genug ist, findet der sein Nest.«

Oma ging auf ihn zu, ganz nahe an ihn heran. Sie versuchte ihm ins Gesicht zu sehen.

»Sie sind der Emil Neubaum«, sagte sie, »von der Mosterei, nicht wahr?«

»Genau«, sagte der Mann, »aus Rubow. Und den

Pinkau, Frau Wachtoweit, den lassen wir schön hier liegen. Soll er sich mal ausnüchtern.«

»Erbarmung, ich bitt Sie, Herr Neubaum«, flehte Oma. »Tun Sie ihn nach Hause fahren. Ist doch ein kleines Stück nur für Sie mit dem Auto. Weil Weihnachten ist!«

»Nee«, sagte der Mann, »da hätte der eher dran denken sollen. Soll ich mir vielleicht noch das Auto versauen lassen von so einem? Nee, danke! Also, dann mal schöne Weihnachten, Frau Wachtoweit!« Er drehte sich um und stampfte zum Auto zurück.

Der Motor lief noch, dann flammte das Fernlicht auf und wir standen allein im Schnee neben Pinkau, dem Fahrrad und der Posaune.

»Die Kolik soll er kriegen, der Schisser!« Oma spuckte in den Schnee.

»Du, Oma, da muss noch ein Auto kommen«, versuchte ich sie zu trösten. Auch das zweite Auto, das uns auf dem Hinweg zur Kirche überholt hatte, konnte doch in Richtung Rubow zurückfahren.

»Meinst wirklich?«, fragte Oma zweifelnd, doch sie ging mit mir zur Straße.

Da standen wir und warteten und es dauerte auch gar nicht lange, da hörte ich schon wieder ein Auto brummen. Aber der Lichtschein kam nicht von Proseken her, sondern von Rubow, und ich dachte: Jetzt kommt dieser Neubaum noch mal zurück. Der hat es sich überlegt. Genau das dachte ich und dass wir eigentlich gar nicht zu winken brauchten. Aber Oma ruderte mit ihren Armen wie ein schwarzer Vogel mitten auf der Straße, als die Scheinwerfer um die Kurve schwenkten.

Das Licht wurde gleich abgeblendet und das Auto kam langsam heran, bis es anhielt vor uns, und ich hörte am Motor, es war nicht der Wartburg von diesem Neubaum. Das war ein Lada.

Der Motor wurde ausgeschaltet. »Wo wollen Sie denn noch hin?«, fragte eine Frauenstimme. Sie klang ganz freundlich.

Oma trippelte auf das Auto zu.

»Sollen wir Sie mitnehmen?«, fragte die Frau am Steuer. Sie hatte die Scheibe heruntergedreht. Erkennen konnte ich sie nicht.

»Nein«, sagte Oma, »Hilfe brauchen wir. Unser Nachbar, wissen Sie, der kann nicht mehr laufen. Im Schnee liegt er.«

»Und warum?«, fragte eine Männerstimme aus dem Auto. »Ist er besoffen?«

»Ich bitte Sie! So kalt, wie es ist! Sie möchten's doch auch warm haben!«

»Alles richtig«, sagte der Mann, »aber ich habe so meine Erfahrungen mit Leuten, die betrunken sind. Ich habe mir einmal das Auto voll kotzen lassen. Das reicht mir!«

»Sollen wir nicht doch lieber …«, fragte die Frau leise.

»Nein«, sagte der Mann.
»Dann lass uns doch wenigstens die alte Frau nach Hause fahren«, bat die Frau.
»Einverstanden«, sagte der Mann, aber Oma trat schon vom Auto zurück.
»Ich fahre Sie«, sagte die Frau noch.
Da war Oma schon neben mir, packte mich am Arm und zog mich über die Straße zum Weg hin, wo Pinkau lag. Hinter uns wurde der Motor gestartet. Nun waren wir wirklich allein.
Pinkau lag auf dem Bauch und schlief. Er hatte den Kopf auf beide Hände gelegt und schnarchte. Ich schob ihm die Mütze über die Ohren.
»Und jetzt, Oma? Was können wir jetzt machen?«
»Na, nuscht nichts«, sagte Oma. »Das Rad nimm! Ich trage die Posaune.«
Oma tippelte neben mir her. So rasch wie vorher ging sie nicht mehr und ich schob Pinkaus Fahrrad durch den Schnee. Dann schimmerten uns vom Jammerfeld die Lichter entgegen, warm und farbig. Mit einem Male blieb Oma stehen.
»Das wollen Menschen sein! Erbarmung, nein!« Sie schüttelte die Posaune vor sich hin und her. »Und dann wünscht er noch frohe Weihnacht, dieser Neubaum!« Noch nie hatte ich Oma so zornig erlebt. Aber das war nicht bloß Zorn. Sie war traurig!
Ich musste auf die Posaune sehen, mit der sie umherfuchtelte. Darauf hatte Pinkau in der Kirche geblasen

und alle hatten das gehört. Und dem Pastor hatten sie zugehört. Dem erst recht. Vom Gott im Himmel und der großen Freude und dem Licht der Engel auf dem Feld. Aber auf der Straße zwischen Proseken und Rubow, auf den verschneiten Äckern, da war kein Engel! Licht war nur von den Scheinwerfern, und dieser Neubaum, der fuhr einfach los. Aber auch die anderen machten sich keinen Kopp, ob einer im Schnee lag oder nicht. Die dachten nur an ihr Auto und wie sie an den Weihnachtsbaum kamen.

Ich möchte gerne wissen, ob alle Leute so sein können. Die alte Frau gegenüber und ihr Mann, die sehen eigentlich nicht so aus. Vielleicht würden sie helfen? Und das Mädchen mit dem Strickzeug? Die hätte bestimmt Angst! Sie hat auch vor dem Langhaarigen Angst gehabt. Und der Mann in der Ecke, der mit seinen Rätseln, das ist so ein Typ wie der Mann im zweiten Auto. Der hatte genau die gleiche Stimme. So einer, der sich nicht einmischen will. Nicht laut und nicht leise!

Mutter ist anders. Eigentlich so wie Oma. Tun muss man, sagt Oma.

Mutter hat ziemlich viel gemacht. Gestern und heute auch. Die Taube, Pinkau und dieser Langhaarige. Das sind ganz verschiedene Sachen.

Mutter sieht zum Fenster raus und sie merkt nicht, wie ich über sie nachdenke. Eigentlich ist sie klein.

Wenn ich weiter so wachse, habe ich sie zu Ostern schon eingeholt. Stark sieht sie auch nicht aus und doch ist sie der Käpten bei uns. Wenn ich mal 'ne Freundin habe, die müsste ein bisschen sein wie sie. Am schönsten sind ihre Haare, ganz dick und braun und ein bisschen lockig. Und ihre Augen!
»Ist was?«, sagt Mutter. Sie beugt sich vor und sieht mich an.
Ich kann nur den Kopf schütteln. Als ob sie Gedanken raten würde!
Ihre Augen sind so blau. Sie zieht die Augenbrauen hoch, aber da sind keine Falten über der Nase.
»Nun haben wir's bald geschafft«, sagt sie.
Ich nicke. Sie soll nichts merken. So wie jetzt habe ich noch nie über sie nachgedacht.
Weit hinten kann ich schon die roten Lichter vom Fernsehturm erkennen.
Wie Mutter wirklich ist, müsste ich eigentlich wissen. Stimmt aber gar nicht. Gestern und heute habe ich mehr von ihr kapiert als alle Jahre vorher. Das könnte ich niemandem erzählen. Jeder müsste sich nur vor den Kopf ticken und sagen, ich würde nicht ganz rund laufen! So musste ich ja auch nie über sie nachdenken.
Aber als sie gestern vor Pinkaus Haus stand, mit der toten Klara in der Hand, hätte ich sie hassen können! Da war alles kaputt. Daran kaue ich immer noch und ich habe ihr den Holzvogel nicht geschenkt. Er steckt

in meinem Campingbeutel, und was Oma sich denkt, das weiß ich nicht.
»Komm auch wieder, Hannes«, hat Oma gesagt, »und deine Mutter auch!«
Mit Oma in Berlin, das kann nichts werden.

Als wir gestern Abend endlich ins Haus kamen, strömte uns aus der Küche Wärme und Duft nach Braten und Kuchen entgegen. Auch nach Tannengrün roch es. Mutter hatte das Radio angestellt und da sangen sie gerade das Lied von der stillen, heiligen Nacht.
Mutter hatte wohl gehört, wie die Tür vom Windfang aufging. Sie kam uns entgegen und half Oma aus dem Mantel.
»Ich habe mir schon Sorgen gemacht«, sagte sie. »War es auch nicht zu viel für dich, Oma?«
Oma schüttelte nur den Kopf, nahm die Brille ab und wischte sich über die Augen. Dann ging sie in die Küche und setzte sich auf das Sofa. Sie putzte umständlich ihre beschlagene Brille blank.
»Was ist denn?«, fragte Mutter. Sie merkte, dass irgendetwas nicht stimmte.
Ich sagte nichts. Das konnte Oma besser als ich. Aber Oma antwortete noch immer nicht.
»Ihr müsst ja ganz durchgefroren sein nach dem langen Weg«, sagte Mutter. »Jetzt sollt ihr es aber auch gut haben. Oma! Jetzt wollen wir bescheren! Du

wirst staunen, wie schön unser Baum geworden ist! Und essen wollen wir auch!«

Oma hatte ihre Brille endlich blank gerieben, setzte sie umständlich auf und strich das Haar nach hinten. Aber sie blickte nicht ins Zimmer nebenan, wo der geschmückte Weihnachtsbaum stand und aus dem Radio das Weihnachtslied in die Küche kam. Ihre Augen gingen zu dem Regal an der Wand.

»Bescherung?«, fragte Oma. »Mir ist nicht danach!«

Ich sah, wie Mutter erschrak. Es war nur ein ganz kleiner Moment, dass auch sie zu dem Regal blickte, auf dem Klara sonst gesessen hatte. Ich wusste gleich, was sie sich dachte. Sie hätte mich gar nicht mehr so fragend ansehen müssen.

Ich schüttelte den Kopf.

»Was ist denn, Oma?«, fragte Mutter noch einmal.

Oma schob ihre Hände auf dem Tisch hin und her. Dann wandte sie den Kopf, sah nicht mehr zum Platz der Taube, sondern Mutter an.

»Der Nachbar liegt oben am Weg«, sagte sie. »Pinkau hat sich beschlaucht. Nicht gehen und nicht stehen kann er! Hannes hat ihm aus dem Graben geholfen. Aber mehr, nu mehr haben wir nicht tun können!« Sie hob die Hände und ließ sie wieder auf den Tisch sacken.

»Ist denn kein Mensch mehr unterwegs, der helfen kann?«, fragte Mutter.

»Menschen waren keine«, antwortete Oma, und das sagte sie auch nur ganz leise.
»Ja, was denn?« Mutters Stimme wurde ungeduldig. »Der liegt im Schnee? Da draußen in der Nacht? Das darf doch nicht wahr sein! Soll der Mann erfrieren?« Sie sprach immer lauter.
»Warum sagst du denn keinen Ton?«, herrschte sie mich an. »Steh nicht rum, zieh dich wieder an. Du wirst doch wissen, was nötig ist! Hier wird es wohl einen Schlitten geben, oder?« Sie sah sich fragend zu Oma um.
»Nu, gewiss doch«, sagte Oma, »der Hannes weiß, wo er ist! Im Schuppen!«
Dann waren wir mit dem Schlitten unterwegs, den Opa selbst gebaut hat. Zum Rodeln eignet er sich nicht, ist viel zu klobig, flach und breit. Aber Opa konnte damit Holz aus dem Wald und seine Weidenruten holen. Das Zugseil mit einem breiten Lederriemen legte ich mir schräg über die Brust. Der Schlitten lief leichter, als ich dachte, denn der Schnee war dick genug, dass die Holperrinnen vom Weg nicht mehr störten.
»Es ist kälter geworden«, sagte Mutter. »Sieh mal, was für einen Hof der Mond hat.«
Rund um den Mond leuchtete ein dünner Farbreifen wie ein ausgeblichener Regenbogen. Der Himmel war ganz klar und in dem Schwarz über uns schienen die Sterne zu zittern. Die weiße Landschaft lag völlig still.

Nur einmal bellte weit weg, vielleicht in Rubow, ein Hund.
»Ist es nicht zu schwer für dich?«, fragte Mutter nach einer Weile.
»Nee, gar nicht«, sagte ich, aber ich kam doch schon ins Schwitzen, als der Weg bei den Kopfweiden anstieg. Da sah ich auch, dass mein Atem wie eine Rauchfahne vor mir herwehte. Das Mondlicht war so hell, dass ich sogar noch ein bisschen Moosgrün an den dicken Weidenstämmen erkennen konnte. Ihre Schatten fielen dick und blauschwarz auf den Weg.
»Da liegt er wohl«, sagte Mutter.
Im Schnee war ein dunkler Fleck zu sehen.
Pinkau lag noch genauso neben dem Graben, wie Oma und ich ihn verlassen hatten, mit dem Gesicht auf den Armen. Er schnarchte.
»Der hat einen Schlaf!« Mutter schüttelte den Kopf. »Unglaublich. Das kann die schönste Lungenentzündung geben!«
Sie packte den Schlitten mit an und schob ihn dicht an den Mann. Dann rüttelte sie an seinen Schultern. Das konnte sie viel besser als ich. Das Schnarchen brach ab, aber es kam sofort wieder, viel lauter und rasselnd.
Mutter bückte sich. »Pinkau«, schrie sie dem Mann ins Ohr. Sie schrie sehr laut.
Er machte einen Ruck, wälzte sich herum, kollerte auf den Rücken und lag wieder still.

Mutter schlug ihm mit der flachen Hand rechts und links auf die Wangen. Aber er schien es gar nicht zu merken.
»Der ist völlig hinüber«, sagte Mutter. Sie stellte sich hinter ihn, griff unter seinen Armen hindurch und sie schaffte es tatsächlich, den Mann mit dem Rücken auf den Schlitten zu zerren. Ich hätte nie gedacht, dass sie so viel Kraft hat.
Der Mann stöhnte nur und er blieb liegen wie ein Getreidesack.
»Halt ihn jetzt fest«, befahl Mutter.
Ich stemmte mich von der anderen Seite gegen den Schlitten, klammerte mich an Pinkaus Arm fest und Mutter hob die Beine des Mannes an. Sie ächzte dabei. Er musste sehr schwer sein. Aber sie schaffte auch das und er lag auf dem Schlitten. Sein linker Arm fiel schlaff nach unten. Die Hand schlug in den Schnee. Ich versuchte den Arm auf den Schlitten zu heben, aber Pinkau schüttelte ihn wieder nach unten.
»Lass mal«, sagte Mutter, »das spürt er gar nicht! Du musst nur aufpassen, dass er uns nicht vom Schlitten rutscht!«
Sie nahm das Zugseil, stemmte sich in den Schnee und zog. So gut ich konnte, schob ich nach. Der Schlitten lief nicht mehr so leicht wie vorher, aber es ging bergab zum Jammerfeld. Ich sah über den Mann weg. Mutters Rücken war unter dem Seil schmal und gebeugt. Sie zog ohne sich umzusehen und ich wusste

genau, dass wir Pinkau nach Hause bringen würden.

Mutter wusste, was zu tun war! Ohne viel zu reden. Genau das Richtige! Und ich hatte nicht mal an den Schlitten gedacht.

Pinkau machte einen tiefen Schnarcher. Sein Mund sperrte weit auf. Er wurde zu einem schwarzen Loch in dem Gesicht unterm Mondlicht und ich sah, dass er nur wenige Zähne hatte. Wie ein ganz alter, kranker Mann kam er mir vor und er tat mir auf einmal richtig Leid. Im Graben, als er vor mir hockte wie ein Tier, da hatte ich ihn nur scheußlich gefunden, abscheulich und schrecklich. Aber jetzt war das anders und ich wusste nicht, warum.

Die Fenster von den Häusern am Jammerfeld schimmerten uns schon entgegen und bergab war das Zugseil vor dem Schlitten nicht mehr so stramm über Mutters Rücken gespannt. Sie ging wieder so gerade wie immer.

»Du, Mutti ...«

Der Schlitten rutschte Mutter fast an die Füße. Sie blieb stehen.

»Ist was?«, fragte sie.

»Du, Mutti ...« Ich wusste nicht genau, wie ich es sagen sollte, aber die ganze Zeit, als ich den Mann so vor mir auf dem Schlitten sah, musste ich daran denken.

»Was hast du?«, fragte Mutter.

»Ob das gut ist, ich meine, wenn Pinkau, wenn Herr Pinkau morgen aufwacht und dann ist da keiner, der sich mal um ihn kümmert, so mit Kaffee oder ihm was zu essen macht oder so?«

»Hm«, machte Mutter, »da sollten wir Oma fragen!«

»Dich habe ich gefragt, Mutti!«

»Mein Sohn beginnt zu denken«, sagte sie, drehte sich um und das Seil spannte sich wieder über ihrem Rücken.

In Pinkaus Vorgarten waren Mutters Fußspuren vom Nachmittag unter dem Neuschnee verschwunden. Ich musste wieder an die Taube denken, als wir den Schlitten vor die Tür zogen. Aber ich sagte nichts.

Mutter suchte in den Manteltaschen des Mannes und fand den Hausschlüssel. »Geh jetzt zu Oma«, sagte sie, »sonst macht sie sich noch mehr Sorgen.«

»Aber du kannst doch nicht allein …«

»Doch, ich kann allein«, sagte sie, »und du gehst jetzt!«

Ich dachte, Oma würde erstaunt sein, dass ich allein kam. Aber das war sie nicht. Sie saß in der Küche auf dem Sofa und im Zimmer am Weihnachtsbaum brannten die Kerzen. Aus dem Radio klang noch immer Weihnachtsmusik.

»Nu, habt ihr ihn geschafft?«, fragte sie.

»Ja, Oma. Aber wie Mutti ihn ins Haus kriegen will, das weiß ich nicht. Sie hat mich weggeschickt.«

»Sie wird schon wissen«, sagte Oma und sie sah mich durch ihre Brillengläser lange und ganz genau an. »Sie weiß immer, was sie will, und meist weiß sie auch richtig. Tüchtige Mutter hast du, ja, ja!«
Da schwang ganz leise ein Ton in der Stimme, der mir nicht geheuer war. Klara, dachte ich.
»Wie meinst du denn das?«, fragte ich und dann rutschte mir auch noch raus: »Magst du Mutti nicht?«
»Aber Jungche, wie kommst darauf?« Oma wackelte mit dem Kopf hin und her.
»Jechen, jechen, nein! Sonst möcht sie nicht hier sein, weißt, wen ich nicht mag, den will ich auch nicht haben!«
»Magst du denn Pinkau?«, fragte ich schnell. Ich fand es nicht so gut, über Mutter zu reden.
»Nu, Jungche!« Jetzt lächelte Oma sogar. »Das möcht wie Stiefel und Hut sein! Dem Pinkau, dem muss man helfen, wenn's geht. Der kommt nicht zurecht mit sich. Aber deine Mutter, die weiß, was sie will. Wenn man nicht so alt wäre, könnt man was lernen!«
Ich begriff erst mal gar nichts.
»Ja«, sagte Oma nach einer Weile, »wenn ich so möcht gewesen sein! Nu ja, waren eben andere Zeiten. Der Opa hatte das Sagen! War nicht wie heute, Hannes!«
Wer hatte bei uns denn das Sagen? Das war nie eine

Frage. Oder ich hatte es nicht gemerkt. Mutter ist der Käpten!

»War nicht immer leicht, Jungche«, sagte Oma. »Dein Opa ist ein Guter gewesen. Aber auch hart. Ist ihm oft schwer gefallen, kannst glauben. Als dein Vater die Hand gegen ihn gehoben hat, das konnt er nicht verwinden. Und weißt, wenn man so alt ist wie ich und der Opa, dann wird man sich immer ähnlicher!«

»Ach, Oma, das stimmt gar nicht! Du bist ganz anders als Opa!«

Oma schüttelte den Kopf. »Früher vielleicht, ganz zu Anfang noch. Möcht ich ein bisschen wie deine Mutter gewesen sein. Aber dann musst ich auch hart sein.«

Mir fiel ein, was Mutter gesagt hatte. Dass Oma bestimmt auch Angst um Vater haben musste. Und alles nur, weil Vater und Opa Sturköppe waren. So konnte Oma doch nicht sein!

»Weißt«, sagte Oma und stand vom Sofa auf, »nun bin ich zu alt und zu müde fürs Rechthaben. Aber ja sagen mag ich auch nicht zu allem. Und wenn einer so sicher weiß, was richtig ist und falsch, nu, das macht mir bisschen Angst! Das taugt nicht mehr für mich. Ist gut gemeint vom Willi und deiner Mutter, aber besser möcht sein, wenn ich hier bleibe!«

Oma, wollte ich sagen, überleg es doch noch, da hörte ich die Tür vom Windfang knarren.

»Ich bin's«, rief Mutter. Dann steckte sie den Kopf durch die Küchentür.
»Was macht ihr denn?«, fragte sie. »Ich dachte, ihr sitzt beim Weihnachtsbaum? Wollt ihr nicht wissen, was der Weihnachtsmann gebracht hat?«
»Nu sag erst, was mit dem Nachbarn ist«, gab Oma zurück.
»Was soll sein?« Mutter zuckte die Schultern. »Im Bett liegt er. Ausziehen wird er sich selber. Ein Eimer mit kaltem Wasser über den Kopf tut manchmal Wunder, Oma! Er hat mich nicht mal beschimpft. Er wird mich auch nicht erkannt haben. Er schien mir auch nicht an Gesprächen interessiert. Aber vielleicht könntest du dich morgen mal um ihn kümmern? Wenn er wieder bei sich ist?«
»Nu, das möchte wohl«, sagte Oma.

Der Zug fährt jetzt schon sehr langsam. Links sehe ich die vielen neuen Häuser. Hinter den großen Fenstern stehen Weihnachtsbäume.
»Mir sinn wohl gleich da?«, fragt die alte Frau.
»Nu freilisch!« Ihr Mann steht auf und greift nach dem Koffer über sich. Da springt der Mann aus der Ecke auf und hilft ihm. Wir sind zu Hause. Beinahe jedenfalls. Die Bremsen quietschen und da gleitet der Bahnsteig schon heran.
»Lass mal erst alle raus«, sagt Mutter. Sie hilft der alten Frau in den Mantel.

»Schönes Fest noch«, sagt der Mann mit dem Rätselheft, als er in der Tür ist.
Ich hole meine Skier, mit denen ich gar nicht gelaufen bin, nach unten. Am Morgen war der Schnee schon nass vom Regen am Jammerfeld. Dass Regen kommen würde, hatte ich auch nicht gedacht. Die Skier standen hinter dem Weihnachtsbaum. Mutter hatte sie schon lange vorher zu Oma geschickt.
Pinkau habe ich nicht mehr gesehen.
»Der schämt sich«, hat Oma gesagt. »Der möcht vielleicht kommen, wenn ihr weg seid.«
Vielleicht sitzt Pinkau jetzt bei Oma in der Küche. Das fände ich gut.
Der Gang wird langsam leer. Wir lassen die Leute aus den anderen Abteilen erst vorbei. Der alte Mann steht mit seinem Koffer an der Tür. Seine Frau dreht sich um. Sie beugt sich ein bisschen zu mir hinunter. Sie könnte auch eine Oma sein, eine dicke Oma.
»Du hascht e gute Mutter«, sagt sie. »Kurasche hat se! Die hat nich ei jeder. Das werd'sch nich vergessen!«
Mir ist ganz heiß. Ob Mutter das auch gehört hat? Sie will es wohl nicht gehört haben, denn sie fährt mich an: »Pass doch auf, Hannes! Nicht so wild!«
Mein Campingbeutel fliegt auf den Sitz gegenüber, so sehr habe ich daran gezogen. Hoffentlich ist der Taube kein Flügel abgebrochen. Ich werde den Vogel auf den Schrank stellen. Neben die Vase mit den Sil-

bertalern und den Strohblumen. Ich will nicht vergessen, wie es war. Und Mutter soll es auch nicht vergessen. Und ich will es noch wissen von ihr. Und wenn Vater von See kommt, muss er mit zu Oma fahren!

Nachwort

Kinder brauchen Bücher, und zwar die allerbesten und vor allem die richtigen Bücher. Wie soll man sie finden?

Seit rund 40 Jahren wird der Deutsche Jugendliteraturpreis verliehen, 1956 von der Bundesregierung gestiftet und seitdem der einzige literarische Staatspreis.

Er hat mit dazu beigetragen, dass die Kinderliteratur in der Bundesrepublik so vielfältig, weltoffen und gut geworden ist, wie wir sie heute kennen.

An jede Altersstufe wird gedacht, jedes Kind kann die Bücher finden, die ihm Spaß machen und sein Weltverständnis wecken. Alle Eltern finden Bücher, die ihren Literaturvorstellungen und Erziehungsgrundsätzen entsprechen. Jedes Jahr im Herbst wird der Deutsche Jugendliteraturpreis verliehen, und zwar in den Kategorien Bilderbuch, Kinderbuch, Jugendbuch und Sachbuch.

»OETINGER AUSLESE« möchte die wichtigsten und interessantesten Titel zusammenfassen und bietet in Zusammenarbeit mit anderen Kinderbuchverlagen auf diese Weise eine Bibliothek aus preisgekrönten und ausgesuchten Büchern, einen Querschnitt durch die Kinder- und Jugendliteratur.

1991. Das war in Bezug auf die Jugendliteratur das Jahr, in dem sich der Fall des Eisernen Vorhangs in fast allen Preisbüchern spiegelte. Kveta Pacovská, die Papierkünstlerin aus Prag, erhielt den Bilderbuchpreis für ein Kunstwerk aus Farbe und Pappe: »eins, fünf, viele«. Der Jugendbuchpreis ging an Anatoli Pristawkin, »Wir Kuckuckskinder«, ein Buch, das von der Rebellion gequälter Kinder in einem sowjetischen Sonderheim am Ende des Zweiten Weltkriegs erzählt. Den Sachbuchpreis bekam »Die eiserne Lerche« von Michail Krausnick, eine Biografie über den Dichter Georg Herwegh, der in der erfolglosen Revolution von 1848 unter anderem für das Recht eintrat, in Freiheit schreiben zu können. 1991 erhielt Ursula Wölfel zum 35-jährigen Bestehen des Deutschen Jugendliteraturpreis den Sonderpreis, der zum ersten Mal nicht einem einzelnen Buch verliehen wurde, sondern das Gesamtwerk einer deutschen Autorin oder eines deutschen Autors auszeichnet. Mit dem Kinderbuchpreis wurde »Taube Klara« und ihr Autor Wolf Spillner ausgezeichnet, der in Mecklenburg lebt, sich intensiv mit den Tieren seiner Umgebung beschäftigt und viele Bücher über die Landschaft und ihre Seeadler, Wildgänse und andere Vogelarten geschrieben und teilweise mit eigenen Fotos ausgestattet hat. In »Taube Klara« geht es jedoch nicht um Ornithologie, sondern um die Auseinandersetzung zwischen den Generationen, um das Recht auf das eigene Leben, das jeder für sich beanspruchen möchte, und das er nur gewinnt, wenn er das Recht der anderen anerkennt und achtet.

Dr. Sybil Gräfin Schönfeldt

Unter dem Reihentitel OETINGER AUSLESE erscheinen Kinder- und Jugendbücher, die im Rahmen des Deutschen Jugendliteraturpreises ausgezeichnet wurden. Bisher sind folgende Bände lieferbar:

Clara Asscher-Pinkhof
Sternkinder

Ursula Fuchs
Emma oder Die unruhige Zeit

James Krüss
Mein Urgroßvater und ich

Astrid Lindgren
Mio, mein Mio

Paul Maar
Der tätowierte Hund

Sterling North
Rascal der Waschbär

Scott O'Dell
Insel der blauen Delfine

Wolf Spillner
Taube Klara oder Zufälle gibt es nicht

OETINGER AUSLESE